Desvende-se

7 Passos da venda para aplicar na sua vida

Rio de Janeiro
2023

Dedico essa obra às 4 mulheres que são peças fundamentais em minha vida: Minha avó Hilda Coimbra (*In memoriam*), minha mãe Julieta Coimbra, minha filha Sophia Coimbra e minha esposa Janaina.

Agradecimentos

Agradeço a Deus. Com sua presença sensível e calorosa em todo tempo, manteve-me de pé, saudável e forte para continuar em frente.

À minha esposa e parceira, Janaina, por tolerar minhas inúmeras ausências enquanto me dedico ao trabalho. Obrigado por seu meu porto seguro, meu lugar no mundo para onde sempre posso voltar.

Ao meu pai que, do seu jeito peculiar, demonstrou inúmeros preceitos irrefutáveis sobre a vida.

Ao meu primeiro grande professor de vendas, Flávio Augusto, que há mais de 20 anos, incutiu a excelência de atendimento em meu perfil.

Às equipes Sonho Real, Vitara, Legado Original e Coimbra. Todos os membros que fizeram e fazem parte desse time. Com vocês tive a oportunidade de aprender e colocar em prática muito do que está nesse livro.

Ao vendedor, gestor, mentor e amigo Marlon (Faro) Felix por ser um multiplicador de conhecimento e por se manter firme na missão de transformar uma geração de vendedores.

Ao amigo Guilherme Dutra que mesmo a 1567 km de distância dedicou parte do seu tempo em ser meu revisor não oficial.

Sumário

PREFÁCIO 6

INTRODUÇÃO 8

ONDE TUDO SE INICIA. 12

A ARMA MAIS PODEROSA DA HUMANIDADE..........27

GATILHOS MENTAIS 38

PASSO 1: PREPARAÇÃO 51

PASSO 2: PRIMEIRA IMPRESSÃO............59

PASSO 3: INVESTIGAÇÃO. 69

PASSO 4: APRESENTAÇÃO 77

PASSO 5: CONTORNO DE OBJEÇÕES........87

PASSO 6: NEGOCIAÇÃO 99

PASSO 7: PÓS VENDA.........................111

VENDA COM PROPÓSITO......................116

Prefácio

Começar falando desse livro sem falar da pessoa do Ivan não seria justo com ele e nem com a nossa amizade.

Quando o conheci, há mais de 20 anos, trabalhava em uma lan house, um menino com sede de aprender e de viver. Já trabalhava no comércio, sem saber que se apaixonaria pelo ofício. Hoje se transformou nesse homem responsável e dedicado à profissão e para minha surpresa com um livro pronto pra ser publicado.

No conteúdo, Ivan, passa sua experiência no universo das vendas, incentivando a todos em buscar o melhor de si na prática dessa habilidade, que como qualquer outra requer estudo e dedicação para melhor retorno, seja financeiro ou no trato pessoal, pois vender é uma arte, e entender e colocar na prática essa arte requer dedicação e estudo.

Além da aplicação em todas as áreas da vida, Ivan incentiva o profissional de vendas a se orgulhar da profissão essa atividade que é tão fundamental para qualquer negócio e que também é uma das mais complexas quando tratada da forma correta, com foco em resultados e eficiência. Todo vendedor precisa ser capaz de transmitir as suas ideias com clareza e objetividade, utilizando bons argumentos, que evidenciem o valor do que ele está vendendo.

Concluo com a certeza que esse livro ajudará você em encarar essa habilidade com mais leveza e com a certeza que em muitos momentos esse universo é o que rege a vida das pessoas.

Deisedóris de Carvalho
Advogada, Empresária, Designer gráfica e diagramadora.

Introdução

Os primeiros registros de troca de metais por produtos datam de aproximadamente 5000 anos A.C. Antes disso a "compra e venda" era feita a base de troca de mercadorias, há indícios históricos desse tipo de negócio datados de 10.000 A.C. Independente da maneira de se fazer negócios, e da época, a habilidade de vender acompanha a humanidade há muito tempo. Para exemplificar: no primeiro livro da Bíblia, Gênesis, capítulo 41 versículo 56 está escrito: "Havendo, pois, fome sobre toda a terra, abriu José tudo em que havia mantimento e vendeu aos egípcios". Assim como a seda e sua rota para a China, as especiarias para a índia e arredores, o café para o Brasil colônia. A habilidade de vendas faz prosperar nações, empresas e pessoas.

Observe o seguinte: Todo mundo vende. Não me refiro ao ato de vender, exclusivamente, direcionado ao profissional que se dedica a aplicar comercialmente essa habilidade a determinado produto ou serviço. A venda é inerente às relações humanas.

Lembre-se do seu encontro com a primeira grande paixão da sua vida. Você se arruma de uma maneira especial. Usa uma roupa diferenciada. Perfuma-se com cuidado. Corta o cabelo. Quando faz isso você está preparando sua imagem para que possa "vendê-la" a outra pessoa e utiliza-se dessa mesma imagem como introdução para "vender" a si mesmo, demonstrando assim, suas principais características e qualidades. Da mesma forma, quando você comparece a uma entrevista de emprego você vende suas capacidades para determinado cargo. Quando é contratado por uma empresa você está vendendo seu tempo em troca de um salário. Quanto melhor você desempenhar determinada função, mais valioso será o seu tempo e melhor será remunerado. Não há como separar o ato de vender das relações sociais, afetivas e corporativas.

O que pretendo com esse livro é fazer com que você enxergue essa ciência e de forma objetiva e clara, conseguindo, sobremaneira, aplicá-la em sua vida.

A boa notícia é que vender é uma habilidade. Assim como toda habilidade, pode ser aprendida e desenvolvida com estudo e prática. Todos podem vender mais e melhor. Vamos acompanhar, juntos, o processo da venda e Independente do setor da sua vida que precise aplicar essa habilidade, de antemão lhe digo, 50% da venda trada da capacidade de construir relacionamentos. Quanto melhor você vender, melhor irá se relacionar e vice-versa.

Independentemente de sua área de atuação profissional, vender melhor, te fará ser melhor remunerado.

Para os vendedores de ofício: Gostaria que todo vendedor tivesse tanto orgulho de sua profissão quanto um advogado, médico, engenheiro. A profissão de vendas demanda estudo, prática e aperfeiçoamento constante, até ininterrupto diria. Pois conforme as relações humanas evoluem, e atualmente isso acontece de maneira acelerada, o profissional de vendas também deve evoluir e se adaptar. Olhe para nossa profissão e enxergue a relevância e a figura indispensável do vendedor para no mundo corporativo e na sociedade. Você conhece alguma empresa que seria capaz de sobreviver sem vendas? Não há. Mesmo empresas sem fins lucrativos devem vender sua ideia e serviços. Instituições não sobrevivem sem lucro e sem vendas não há rentabilidade. Então vendedor, parabéns! você é o pilar que sustenta a economia global. Não, eu não estou exagerando.

Vamos combinar uma coisa? Doravante vou utilizar algumas palavras importantes de forma generalista. Venda, atendimento, cliente, vendedor, produto, entre outras. Quando me referir a venda, estarei me referindo, nas mais amplas possibilidades, ao ato de convencimento entre um interlocutor (vendedor) a outro, sendo o segundo aludido como cliente. Com relação a atendimento, entenda como o processo pelo qual o vendedor (Médico, construtor civil, advogado, dona de casa, esposa, mãe, policial, etc... generalista lembra?) se utiliza das técnicas de vendas para gerar uma tomada de decisão no cliente. Ao produto, me refiro ao motivo do convencimento. Busco, dessa forma, que você consiga escolher em qual situação de sua vida, melhor irá se aplicar cada passo desse processo. Combinado?

Processo? Sim. A venda se dá por um processo. Ela

tem passos. Tem início meio e fim, não necessariamente nessa ordem. Como a venda trata de relações humanas, geralmente cada atendimento é único, cada situação é diferente, assim como cada indivíduo é singular. O segredo para potencializar sua venda é melhorar seu atendimento olhando para os passos do processo.

Tomamos como base 7 passos de extrema importância na venda. Existem outros, gerais e específicos, mas esses 7 são, irrefutavelmente, os mais importantes. Nos três primeiros capítulos vamos estudar ferramentas e assuntos dos quais todo vendedor precisa para ser imparável. Os capítulos seguintes se dividem nesses sete passos da venda e sua aplicabilidade. Vamos acompanhar esse caminho juntos, lembre-se que quanto mais olhar para o processo, melhor vai vender. Leia cada capitulo buscando a aplicação nas mais diversas áreas da vida.

#VáeVenda

ONDE TUDO SE INICIA.

Conhecer e desenvolver a habilidade de vendas é, antes de tudo, uma escolha pelo desenvolvimento pessoal. Parabéns por ter feito essa escolha. Ela pode mudar completamente o paradigma atual de sua vida, pois irá ampliar sua visão e fazê-lo enxergar a potencialidade latente que há em seu ser. Quanto mais você se desenvolver, mais próximo estará do sucesso e vender melhor vai tornar esse caminho muito mais curto. Para se tornar perito em alguma habilidade é necessário passar por um processo de conhecimento.

Qual seu nível de conhecimento sobre vendas atualmente?

Nível 1 - Inconsciente e inapto: Você não tem conhecimento sobre o assunto e não tem habilidade para fazê-lo.

Nível 2 - Consciente e inapto: Nesse nível você tem conhecimento sobre essa habilidade, porém ainda não é capaz de executá-la.

Nível 3 - Consciente e apto: Ao desenvolver-se sobre essa habilidade você é capaz de executá-la, porém ainda precisa raciocinar para fazê-lo.

Nível 4 - Inconsciente e apto: Nesse nível de conhecimento você consegue aplicar suas habilidades de forma natural, não precisa mais parar para raciocinar sobre o assunto. Sabe quando o Lionel Messi faz uma jogada espetacular, parecer fácil? Ele está nos mostrando esse nível de habilidade.

Esse é o caminho para se especializar em qualquer área do conhecimento, mas nem toda área tem a capacidade de mudar sua vida como a habilidade de vendas. Plantar a semente do conhecimento para se desenvolver em vender melhor é ter a certeza de uma colheita de sucesso.

Onde essa, e qualquer outra, habilidade começa?

Na nossa mente!

A capacidade mental humana é objetos de estudo há séculos e envolve várias disciplinas como filosofia, psicologia, neurociência, entre outras.

O filósofo grego Platão, um dos pensadores mais influentes da história, desenvolveu a teoria das ideias ou das formas, que sugere que o mundo que percebemos com nossos sentidos é apenas uma cópia imperfeita do mundo "real", ou seja, o mundo das ideias.

As ideias, segundo Platão teorizara, são formas perfeitas e imutáveis que existem independentemente do mundo material. Cada pessoa tem acesso a esse mundo das ideias através da razão e do intelecto, e é capaz de reconhecer as formas perfeitas em objetos imperfeitos através da experiência sensorial.

Nesse sentido, cada pessoa tem seu próprio mundo particular de ideias, que é formado a partir de suas experiências individuais, vivencias, aprendizados, etc...

Já ouviu falar do célebre quadro chamado de A Gioconda ou Mona Lisa del Giocondo, a mais conhecida obra do pintor Leonardo da Vinci? Antes do primeiro toque do pincel na tela, até a obra estar finalizada, cada traço da obra, antes de ser executada, passou pela mente do pintor. Ou seja, pelo mundo das ideias de da Vinci. O pintor observa a modelo, pensa em como será a pintura e transfere esse pensamento para a tela. A pintura é o reflexo do pensamento.

Essa teoria de Platão tem implicações profundas na compreensão do mundo. Ela sugere que a verdadeira realidade é transcendental e está além do mundo material que percebemos com nossos sentidos. Só temos acesso a ela através da mente. Além disso, ela também implica que a educação e o conhecimento são fundamentais para o desenvolvimento da razão e do intelecto.

Cada um de nós tem um mundo particular. Só você tem livre acesso ao seu, porém a formação desse mundo é influenciado significativamente pelo convívio social. Desde que nascemos, nossas experiências e interações sociais moldam a forma como pensamos, sentimos e agimos. Essa influência nem sempre é positiva. Somos induzidos, durante nosso ciclo de vida, a desenvolver diversas formas de crenças limitantes. Na maioria das vezes, não temos defesas contra elas. Porém, a partir do momento que você descobre isso, é capaz de reconfigurar sua mente e desvendar-se para uma nova realidade. Todo pensamento gera um sentimento. Esse sentimento nos leva a executar uma atitude (mesmo que essa atitude seja não fazer nada) e toda atitude gera um resultado. Certa vez Mahatma Gandhi, cujas palavras ressoam com poder até os dias de hoje, disse: "Tenha cuidado com seus pensamentos, pois eles se tornarão suas palavras. Tenha cuidado com suas palavras, pois elas se tornarão suas ações. Tenha cuidado com suas ações, pois elas se tornarão seus hábitos. Tenha cuidado com seus hábitos, pois eles se tornarão seu caráter. Tenha cuidado com seu caráter, pois ele se tornará seu destino".

A consciência dessa capacidade de reconfigurar sua mente, esse mundo particular, do termo em inglês "mindset" foi popularizado pela psicóloga americana Carol Dweck em seu livro "Mindset: The New Psychology of Success", publicado em 2006. No entanto, a ideia de que as crenças de uma pessoa sobre suas habilidades e inteligência podem afetar seu desempenho não é nova.

A origem do termo "mindset" remonta ao século XIV, quando foi usado pela primeira vez para descrever um ponto de vista particular ou conjunto de opiniões. Desde então, o termo evoluiu para se referir à mentalidade ou atitude de uma pessoa em relação a determinado assunto.

O mindset pode ser uma ferramenta poderosa para ajudar no seu processo de desenvolvimento, pois ele pode influenciar a forma como pensamos, agimos e reagimos a situações em todas as áreas da vida. Não me refiro a eficiência ou aplicabilidade do mindset quando digo "pode Influenciar". Digo em referência a sua escolha de acreditar, desenvolver e aplicar essa ferramenta na sua vida.

A mente é como o corpo, precisa ser alimentada. Existem algumas maneiras de alimentar sua mente. Posso te dar um exemplo prático de uma dessas maneiras? Ela está acontecendo agora. Isso mesmo! Enquanto você está com esse livro na mão. Você poderia estar lendo um site de fofoca sobre os famosos. Poderia estar assistindo tragédias sensacionalistas em um noticiário. Poderia ainda estar vendo dancinhas em um app no seu celular. Mas está praticando a leitura que tem capacidade de expandir conhecimento, desenvolver habilidades cognitivas, melhorar a concentração, enriquecer o vocabulário, treinar a memória e expandir a análise crítica.

Quando você se alimenta de negatividade ela contamina seus pensamentos, seus sentimentos e suas ações. Fecha sua mente para a expansão de sua capacidade. Limita sua visão. Diminui suas possibilidades.

Você comanda sua mente, seu mundo
particular. Se alimente de informações construtivas e de
positividade. Não fique alheio à realidade, coisas ruins e
desafiadoras acontecem. É algo normal na vida. Mas a
maneira que você lida com elas vai influenciar
diretamente nos seus resultados. Coloque sua mente na
direção daquilo que você almeja para sua vida, pois ela
vai te guiar ao sucesso.

Podemos então dividir a configuração mental em 2
tipos. Mindset fechado e mindset aberto.

O mindset fechado é uma mentalidade caracterizada
pela rigidez de pensamento, resistência a mudanças e
falta de abertura para novas ideias e perspectivas.
Pessoas com esse tipo de mentalidade acreditam que
suas habilidades e características são fixas e inalteráveis,
o que limita suas possibilidades de crescimento e
aprendizado.

As pessoas com mindset fechado tendem a ter uma
abordagem negativa em relação ao fracasso e à
adversidade. Elas acreditam que o fracasso é uma
indicação de falta de habilidade ou talento, em vez de
uma oportunidade para aprender e crescer. Isso pode
levar à evitação de desafios e à falta de motivação para
buscar novas oportunidades, pode levar à falta de
colaboração e comunicação em equipe. Pessoas com essa
mentalidade tendem a não aceitar críticas e a resistir a
mudanças, o que pode levar a conflitos e dificuldades em
lidar com outras pessoas. Ampliando os efeitos negativos

na área corporativa em contextos organizacionais. Empresas que adotam uma mentalidade fechada podem ter dificuldades em se adaptar às mudanças do mercado. Além disso, a falta de abertura para novas ideias e perspectivas pode limitar o potencial de crescimento e inovação.

Caso você tenha identificado como alguém com alguma característica de quem possui um mindset fechado, fique tranquilo, felizmente essa configuração mental pode ser superada. A mudança começa com a compreensão de que as habilidades e características não são fixas e inalteráveis, mas podem ser desenvolvidas e aprimoradas ao longo do tempo. Você vai transformar uma mente fechada em aberta.

O mindset aberto é a configuração que pode fazer diferença em todas áreas da sua vida, desde o ambiente de trabalho até a vida pessoal. Trata-se de uma mentalidade que promove a flexibilidade, o aprendizado contínuo e a adaptabilidade, permitindo que você lide de forma mais eficiente com situações desafiadoras e imprevistas.

De acordo com Carol Dweck, o mindset aberto é uma mentalidade que se caracteriza pela disposição de aprender e crescer, encarando desafios e fracassos como oportunidades de aprendizado e crescimento. Esse tipo de mentalidade é particularmente importante nos dias de hoje, em que a mudança é constante e as pessoas precisam se adaptar rapidamente às novas situações.

Segundo a psicóloga social Heidi Grant Halvorson, o mindset aberto é uma das chaves para o sucesso na vida profissional. Em um artigo para a Harvard Business Review, ela destaca que as pessoas com mindset aberto têm maior capacidade de aprendizado e são mais capazes de enfrentar desafios, o que é essencial para se destacar no mundo corporativo.

Expandir seu mindset pode trazer benefícios relevantes para a vida pessoal. Em um estudo publicado no Journal of Happiness Studies, pesquisadores da Universidade de Michigan descobriram que pessoas com mindset aberto tendem a ser mais felizes e satisfeitas com a vida do que aquelas com uma mentalidade fixa.

Transformar uma mentalidade fechada em uma mentalidade de crescimento pode ser um processo desafiador, mas é possível com prática e dedicação.

Imagine-se em uma sala escura, com as janelas fechadas e as cortinas pesadas. Você está lá, no meio dessa escuridão, com uma mente cheia de convicções e crenças enraizadas. Talvez você esteja se sentindo confortável nesse ambiente familiar, mas e se eu lhe disser que do outro lado das paredes existem mundos desconhecidos esperando para serem explorados?

A primeira coisa a fazer é abrir as janelas e deixar a luz do sol entrar. Isso simboliza a disposição para novas ideias e perspectivas. Comece questionando suas próprias crenças e preconceitos. Pergunte-se: " Há outras maneiras de ver essa situação?" Desafie-se a considerar diferentes pontos de vista e a explorar novos caminhos.

A próxima etapa é abrir a porta e se permitir sair dessa sala fechada. Isso significa estar disposto a experimentar coisas novas e sair da sua zona de conforto. Aprenda sobre diferentes culturas, explore áreas de conhecimento que você nunca considerou antes e envolva-se em conversas com pessoas que têm opiniões divergentes das suas.

Aprenda a ouvir ativamente. Não apenas espere sua vez de falar, mas realmente escute o que os outros têm a dizer. Esteja aberto para aprender com as experiências dos outros e considere como essas perspectivas podem enriquecer a sua própria visão de mundo.

Não tenha medo de cometer erros ou de mudar de ideia. O crescimento e a transformação exigem coragem para admitir que estávamos errados e estar disposto a mudar de rumo. Reconheça que é normal evoluir e que suas opiniões podem mudar à medida que você adquire mais conhecimento e experiência.

Em vez de se concentrar nos fracassos, aprenda com eles. Analise suas falhas e procure maneiras de melhorar. Lembre-se de que os erros são uma oportunidade de aprendizagem e crescimento. A resiliência é fundamental para o desenvolvimento pessoal e pode ser aprimorada ao adotar uma mentalidade aberta.

Mantenha-se focado em seus objetivos, mesmo quando as coisas ficarem desafiadoras. A perseverança é uma das chaves para o sucesso e pode ser desenvolvida através da mentalidade de crescimento.

Cultive uma atitude positiva em relação a si mesmo e às situações ao seu redor. Aprenda a ver os desafios como oportunidades de crescimento e desenvolvimento, em vez de obstáculos a serem evitados.

Ao estar disposto a experimentar coisas novas e aprender com diferentes perspectivas, você pode desenvolver habilidades valiosas e obter um senso de propósito e significado em sua vida.

Imagine como seria se você pudesse ser mais criativo, resiliente e empático em suas interações diárias. Pense nas oportunidades que poderiam surgir em sua carreira, nos relacionamentos pessoais e na vida em geral, se você estivesse disposto a ouvir e considerar diferentes opiniões e ideias.

A mudança de mindset é uma das habilidades mais importantes para a capacidade de mudar a si mesmo. A mentalidade é a forma como uma pessoa encara e interpreta o mundo ao seu redor, e é um fator crucial na maneira como ela se comporta e toma decisões. Para mudar a si mesmo, é preciso estar disposto a mudar a maneira como se pensa e percebe o mundo. Isso significa desafiar crenças e padrões de pensamento antigos e limitantes, e desenvolver uma nova perspectiva que permita um maior crescimento e aprendizado.
Veja exemplos algumas frases limitantes que, de tão comuns, passam despercebidas no dia a dia, mas podem ser alteradas com um mindset aberto;

"Eu não sou bom o suficiente para isso." - Com um mindset aberto, essa frase pode se tornar "Eu ainda não sou bom nisso, mas vou aprender e melhorar com o tempo e a prática."

"Eu não tenho sorte." - Com um mindset aberto, essa frase pode se tornar "Eu posso criar minha própria sorte com trabalho duro, dedicação e uma atitude positiva."

"Eu não sou um líder natural." - Com um mindset aberto, essa frase pode se tornar "Eu posso desenvolver minhas habilidades de liderança com treinamento, feedback e experiência."

"Eu não tenho tempo para isso." - Com um mindset aberto, essa frase pode se tornar "Eu posso priorizar meu tempo e encontrar maneiras de criar espaço para as coisas que são importantes para mim."

"Eu nunca vou conseguir fazer isso." - Com um mindset aberto, essa frase pode se tornar "Eu posso enfrentar este desafio com confiança e determinação, sabendo que posso aprender e crescer com a experiência."

"Eu sou muito velho/jovem para isso." - Com um mindset aberto, essa frase pode se tornar "Minha idade não define minhas habilidades ou capacidade de aprender e crescer."

"Eu não sou criativo." - Com um mindset aberto, essa frase pode se tornar "Eu posso expandir minha criatividade experimentando novas ideias, pensando fora da caixa e praticando a curiosidade."

"Eu não sou bom em matemática." - Com um mindset aberto, essa frase pode se tornar "Eu posso melhorar minha habilidade em matemática com estudo, prática e apoio adicional, se necessário."

"Eu não sou uma pessoa sociável." - Com um mindset aberto, essa frase pode se tornar "Eu posso desenvolver minhas habilidades sociais e me conectar com outras pessoas de maneiras autênticas."

"Eu não tenho sorte no amor." - Com um mindset aberto, essa frase pode se tornar "Eu posso trabalhar em mim mesmo, desenvolver minhas habilidades de comunicação e abordar relacionamentos de maneira consciente e positiva."

Já ouviu alguma dessas frases antes? Parecem inofensivas e superficiais não é mesmo? Ao mudar sua forma de pensar e ressignificar as, mesmo as pequenas, frases limitantes, irá mudar seus sentimentos e perspectivas perante essas frases. Consequentemente suas ações serão diferentes. Isso pode levar a uma maior autoconfiança e autoestima, pois você se torna mais capaz de enfrentar e superar desafios. Pense em todas as coisas emocionantes e empolgantes que você pode experimentar se estiver disposto a sair de sua zona de conforto e explorar novas possibilidades. Com um mindset aberto, você pode aprender a ver o mundo de maneira diferente, expandir seus horizontes e transformar sua vida de maneiras que nunca imaginou serem possíveis.

Lembre-se de que a jornada para um mindset aberto é contínua, então, solte-se das amarras de uma mente fechada e desvende-se para as infinitas possibilidades que o mundo tem a oferecer. Não há limites para o crescimento e para a transformação que uma mente aberta pode alcançar. Abrace essa jornada com entusiasmo e curiosidade, e você descobrirá um universo inteiramente novo à sua frente.

Perguntas para estudo e aplicação

1) Do que se trata o mundo das ideias?

____

____

____

____

____

2) Quais os tipos de mindset? Qual você considera mais benéfico pra vida?

____

____

____

____

____

3) Quais os níveis de conhecimento?

____

____

____

____

____

4) Quais hábitos podem transformar um mindset fechado em aberto?

____

____

____

____

____

A arma mais poderosa da humanidade

Em 14/06/2021 o jogador de futebol Cristiano Ronaldo dirigiu-se há uma coletiva de imprensa aparentemente normal. Apenas mais uma entrevista entre tantas que concedeu em sua carreira. Ao ocupar seu lugar na mesa, deparou com duas garrafas de refrigerante disponibilizadas próximas ao microfone que seria usado por ele, indicando que seriam para consumo do jogador. Ato contínuo, após sentar ele retira aos dois refrigerantes, levanta outra garrafa e profere uma palavra. Uma única palavra. "Água". Sempre engajado em questões de saúde, o atleta exaltou a água em detrimento do refrigerante. Em 24 horas após sua declaração a referida empresa, que há décadas é a maior empresa do ramo, e uma das maiores marcas do planeta, perdeu US$ 5 bilhões em valor de mercado. Uma das palavras mais básicas em qualquer língua, uma das primeiras que aprendemos aliás, foi capaz de causar tamanha movimentação.

Em janeiro de 2021 o empresário multibilionário, Elon Musk, postou em uma rede social, uma única palavra #Bitcoin. Em pouquíssimas horas a criptomoeda ganhou 10% em valor de mercado. Em maio do mesmo ano o dono da Tesla declarou que não aceitaria mais a moeda nas transações da montadora, por questões ambientais. Dessa vez a queda foi de 17% em 1 dia

São inúmeros os exemplos que podemos observar o impacto, positivo ou negativo, da utilização da arma mais poderosa da humanidade. A palavra.

Em uma era marcada pela comunicação instantânea e pela disseminação de informações, o domínio da linguagem é fundamental para alcançar nossos objetivos e influenciar o mundo ao nosso redor.

As palavras têm um impacto profundo em nossas vidas. O renomado linguista Noam Chomsky afirmou certa vez: "A linguagem é a arma mais poderosa que possuímos... é a arma que nos diferencia dos animais e nos dá a capacidade de construir e destruir mundos". Essa afirmação poderosa reflete a importância da palavra em nossas vidas.

Ao longo da história, grandes líderes e oradores habilidosos demonstraram o poder das palavras. Pense em figuras como Martin Luther King Jr., cujo famoso discurso "Eu tenho um sonho" inspirou gerações e catalisou a luta pelos direitos civis. Suas palavras ressoaram nos corações das pessoas, mobilizando uma nação inteira em busca de justiça.

No entanto, é importante ressaltar que o poder das palavras também pode ser ambíguo. Assim como uma arma pode ser usada para proteger ou prejudicar, as palavras podem ser usadas para o bem ou para o mal. O filósofo alemão Friedrich Nietzsche uma vez disse: "As palavras são como moedas; uma vez em circulação, podem ser facilmente desvalorizadas". Essa observação perspicaz nos lembra que a responsabilidade recai sobre nós, como indivíduos, ao utilizar a linguagem de forma ética e construtiva.

Além disso, as palavras têm o poder de influenciar nossas percepções e moldar nossa visão de mundo. Podemos pensar na mídia, por exemplo, como uma instituição que exerce grande influência por meio das palavras. Suas narrativas moldam a opinião pública, definem tendências e afetam até mesmo os rumos políticos e sociais. Portanto, é crucial adotar uma postura crítica em relação à linguagem que consumimos, questionando os discursos e buscando múltiplas perspectivas para formar opiniões fundamentadas.

Analogamente, assim como uma arma requer habilidade e estratégia para ser utilizada com eficácia, a palavra também exige domínio e conhecimento. O escritor britânico George Orwell nos advertiu sobre o poder da manipulação linguística em sua obra-prima distópica "1984". Ele introduziu o conceito de "novilíngua", uma língua artificial criada pelo regime totalitário para controlar o pensamento das massas. Essa analogia nos faz refletir sobre o poder da palavra quando utilizada para distorcer a verdade e manipular a realidade.

As palavras podem ser usadas para difundir ódio, preconceito e intolerância, e podem incitar a violência e a discriminação. As redes sociais trouxeram para aquilo que falamos (escrevemos, gravamos, postamos) um alcance não visto até então na história da humanidade. Uma postagem pode alcançar o mundo inteiro. Cabe a cada um de nós decidir que tipo de impacto queremos causar nas pessoas. É importante cultivar uma consciência crítica sobre o impacto das nossas palavras e usar a comunicação e a linguagem de forma ética e responsável. Os passos da venda são ferramentas extremamente poderosas de influência e o poder da palavra pode ser uma força positiva, desde que seja usada com sabedoria e cuidado.

Uma frase iniciada com palavras negativas ou destrutivas tem a capacidade de influenciar o cérebro humano na produção do hormônio cortisol, que é o responsável pelo estresse. Em contrapartida uma frase positiva, iniciada com palavras edificantes, além de estimular a produção de dopamina, um hormônio que está associada à sensação de recompensa e bem-estar, tem o potencial de impactar uma área cerebral específica, o córtex pré-frontal dorsomedial, onde são tomadas, em parte, as decisões emocionais. Os níveis de dopamina mais elevados têm relevância nas tomadas de decisões com custo elevado.

Existem muitos estudos que investigam a relação entre palavras positivas e a tomada de decisões, incluindo a reação hormonal do cérebro. Uma experiência científica prática interessante nesse sentido foi "Effects of emotion on encoding specificity in recognition memory" (Efeitos da emoção na especificidade de codificação na memória de reconhecimento) Sharot, T., & Phelps, E. A. (2004).

Nesse estudo, os participantes foram expostos a palavras positivas, negativas e neutras antes de serem submetidos a um teste de reconhecimento de palavras. Os resultados mostraram que as palavras positivas aumentaram a reação hormonal do cérebro, especificamente a liberação de dopamina. Os participantes que foram expostos a palavras positivas também tiveram melhor desempenho no teste de reconhecimento de palavras do que aqueles que foram expostos a palavras negativas ou neutras.

Essa capacidade de influência da palavra, em meados dos anos 70, passou a ser estudada por um linguista, John Grinder, e um psicólogo, Richard Bandler. Fundando uma nova área da neurociência compreendida atualmente como Programação Neurolinguística. É nessa área específica que vamos focar, para intensificar os resultados da utilização de nossa arma mais poderosa.

A neurolinguística é uma área que estuda a relação entre a linguagem e o comportamento humano enquanto a PNL (programação neuro linguística) estuda a influência da linguagem nesse comportamento. Podendo ser aplicadas em diversas situações durante o atendimento.

Uma das técnicas mais utilizadas na PNL é o uso de palavras que ativam emoções e sensações positivas. Vamos chamá-las de palavras-chave. Ao nos depararmos com uma situação de atendimento ao cliente, é fundamental estabelecer uma conexão genuína e compreender suas necessidades para oferecer a melhor solução possível. Nesse contexto, a técnica de neurolinguística de palavras-chave se mostra valiosa, pois nos permite influenciar positivamente a mente do cliente por meio de palavras estrategicamente escolhidas.

Além disso, o uso das palavras-chave certas pode direcionar o comportamento do cliente de maneira desejada. Se o objetivo é encorajar uma decisão de compra, por exemplo, podemos empregar palavras que despertam um senso de urgência. Essas palavras ativam o cérebro do cliente de maneira a despertar a sensação de oportunidade, aumentando a probabilidade de uma ação imediata.

Outro benefício da técnica de palavras-chave é a capacidade de minimizar os ruídos periféricos do pensamento durante o atendimento. Muitas vezes, os clientes podem ficar sobrecarregados com informações, distraídos por preocupações secundárias ou até mesmo influenciados por pensamentos negativos. Ao utilizar palavras-chave que se relacionam diretamente com o objetivo principal da conversa, você ajuda a direcionar a atenção do cliente para o que é realmente importante, reduzindo assim os desvios de foco.

Vamos explorar 5 palavras-chave. Por que 5? Simples. Para que você possa gravar todas elas e consiga aplicar no seu dia a dia com mais facilidade. Fique tranquilo quanto a essa quantidade. Existem centenas delas, mas de nada adiantaria um número mais elevado, inicialmente, se não conseguir aplicar de maneira bem fácil. Depois que aprender bem o conceito, e se sentir

confortável utilizando-as, conseguirá incluir outras opções nessa lista. Quer saber o melhor de tudo? É bem rápida essa utilização. Hoje mesmo, inclusive, após ler esse parágrafo. Preparado? São elas;

- Rápido;
- Fácil;
- Tranquilo;
- Confortável
- Melhor

Importante! As palavras-chave devem ser utilizadas, de início, desassociadas do produto. Definida as palavras que você identificar que serão relevantes para a decisão de acordo com a dor do cliente (vamos estudar como descobrir isso mais a frente) tudo a seu redor deve se tornar motivo para usar essas palavras.

Segue um exemplo:

Situação: O cliente precisa de um produto com prazo de entrega de 10 dias. Você só consegue atender em 12 dias. O cliente quer parcelar a compra em 12x, você só consegue em 10x.

Frases do vendedor:

"Aceita um café expresso? Fica pronto bem **rápido**."
"Sente-se nessa cadeira enquanto trago seu café. Veja como ela é **confortável**"
"Nosso café é o **melhor** da região."

"Fique **tranquilo**, não dá trabalho (fazer seu café)"
"Quer a senha do Wi-fi? É bem **rápido**."
"A senha é muito **Fácil**"
"Tome seu café **tranquilo**, quando terminar demonstro o produto"
"Quer parcelar em 10x? Passa **rápido**"
"O valor da parcela em 10x fica **confortável**?"
"Fique **tranquilo**, nosso prazo de entrega é o **melhor** da região. É bem **rápido,** 12 dias. Assim que chegar eu mesmo ligo e agendamos a entrega. Assim fica mais **fácil** para se organizar e receber o produto de maneira **confortável** em casa."

Quer mais um exemplo da utilização dessas palavras chave? Releia o parágrafo em negrito nesse capítulo.

É importante lembrar que a PNL não é uma técnica de manipulação, mas sim uma ferramenta para aprimorar a comunicação e a persuasão de forma ética. A manipulação envolve enganar, coagir ou controlar alguém para obter benefício próprio, sem considerar os interesses da outra pessoa. A manipulação é, portanto, uma forma desonesta de influenciar alguém. Por outro lado, a persuasão é uma técnica que busca convencer alguém a aceitar uma ideia, argumento ou proposta, apresentando razões convincentes e informações relevantes. A persuasão é uma técnica honesta e respeitosa de influenciar as pessoas, já que, além de levar em consideração os interesses do outro, permite uma tomada de decisão informada e de livre escolha.

O poder da palavra como a arma mais poderosa da humanidade é inegável. Ela pode construir pontes ou levantar muros, inspirar mudanças sociais positivas ou instigar conflitos devastadores. À medida que exploramos o tema, devemos ter em mente a responsabilidade que recai sobre nós ao usar essa arma, pois cada palavra que proferimos pode ter consequências profundas. No próximo capítulo, analisaremos a aplicação dos gatilhos mentais e como eles podem ser utilizados estrategicamente para influenciar a mente humana. Aprenderemos como certas frases e técnicas retóricas podem despertar emoções, criar conexões e moldar o comportamento, destacando ainda mais o poder da palavra como uma ferramenta persuasiva indispensável.

Perguntas para estudo e aplicação

1) Por qual motivo a palavra é considerada a arma mais poderosa da humanidade?

____

____

____

____

____

2) Como funciona a PNL?

____

____

____

____

____

3) Quais as 5 palavras chave que estudamos nesse capítulo? Consegue exemplificar mais 5?

____

____

____

____

____

4) Qual a diferença entre manipulação e persuasão?

____

____

____

____

____

Gatilhos Mentais

Alguma vez você já chegou em casa com um produto que comprou e se perguntou, "Porque comprei isso"? Você pode ter sido influenciado por algum gatilho mental!

Em 1984 o professor emérito de psicologia e Marketing da Universidade do Estado do Arizona, Robert Cialdini publicou pela primeira vez o livro As Armas da Persuasão. O autor desvenda os segredos por trás dos gatilhos mentais e como eles são usados em nosso cotidiano. É uma verdadeira aula sobre como a persuasão pode ser efetiva e, ao mesmo tempo, divertida. Vamos abordar, de forma objetiva e prática, alguns desses gatilhos.

Afinal, o que é um gatilho? Em termos gerais, um gatilho é um estímulo que provoca uma reação ou resposta. No contexto da psicologia, que utilizamos na venda, um gatilho pode ser qualquer coisa que desencadeie uma resposta emocional ou comportamental em uma pessoa. Por exemplo, uma lembrança pode ser um gatilho para uma emoção específica, como tristeza ou alegria. Da mesma forma, uma música pode ser um gatilho para uma sensação e um comportamento específico.

Como o gatilho mental funciona em nossa mente? Uma grande parcela de nossa energia corporal é consumida pelo nosso cérebro, por esse motivo, ele permanece o tempo inteiro no modo "economia de energia", quanto mais energia guardada, melhor. Fique calmo, não há nada de errado com seu cérebro. Isso ocorre por uma questão evolutiva e de preservação existencial. Ter energia é essencial para a sobrevivência humana, acumular e economizar essa energia nos tornou mais aptos para buscar alimentos, abrigos e parceiros para procriação.

Esse modo de operação nos faz tomar decisões por associação, fazendo com que não se criem novas conexões neurais e economizando a tão preciosa energia. Os gatilhos mentais funcionam ativando essas associações para gerar um sentimento, uma sensação familiar, facilitando assim, a decisão. São técnicas utilizáveis nas mais diversas situações de venda no dia a dia.

As técnicas de gatilhos mentais e a técnica de neurolinguística de palavras-chave têm semelhanças e diferenças significativas.

Ambas as técnicas são projetadas para influenciar o comportamento das pessoas. Os gatilhos mentais usam psicologia para influenciar a tomada de decisão, enquanto a técnica de neurolinguística de palavras-chave se concentra em usar a linguagem para direcionar o comportamento.

Outra diferença importante é que a técnica de neurolinguística de palavras-chave é mais personalizada, pois é baseada na linguagem e na comunicação individual de cada cliente, enquanto os gatilhos mentais são mais genéricos, podem ser usados em massa, e podem ser usados da mesma forma em diversas áreas.

Especificamente nas vendas, os gatilhos mentais são técnicas usadas para influenciar o comportamento de uma pessoa de forma sutil. Como essa técnica é baseada em nossa compreensão da psicologia humana e de como as pessoas tomam decisões os gatilhos podem, e devem, ser utilizados em todas as etapas da venda. A cada oportunidade verbalizada pelo cliente onde se encaixa o gatilho coerente.

Existem inúmeros gatilhos mentais, separei cinco deles para facilitar a aprendizagem e aplicação. São eles;

Escassez

Quando algo é escasso ou limitado, nosso cérebro interpreta isso como uma oportunidade única que pode não estar disponível no futuro. Isso faz com que nos sintamos pressionados a agir rapidamente para garantir nossa parte. Essa pressão é criada porque a escassez ativa a área do cérebro que está relacionada à recompensa. Isso faz com que nossa mente associe o objeto escasso com um alto valor, aumentando nossa motivação para adquiri-lo. Quando sentimos que podemos perder algo, nosso instinto é tomar medidas para não perder a oportunidade.

Você pode aproveitar essa resposta natural do cérebro para criar uma sensação de urgência no seu cliente. Faça isso apresentando seu produto ou serviço como "oferta por tempo limitado" ou "última chance de adquirir". Isso cria uma sensação de que o cliente pode perder uma grande oportunidade se não agir imediatamente.

Outra opção é apresentar produtos com estoque limitado. Isso faz com que o cliente se sinta pressionados a comprar antes que os produtos se esgotem, aumentando a probabilidade de conversão da sua venda. Além disso, o uso do gatilho mental de escassez pode aumentar a percepção de valor do produto. Ao apresentar uma oferta única e exclusiva, o cliente pode se sentir privilegiados e valorizados, aumentando a probabilidade de compra.

Fique atento, é importante usar o gatilho mental de escassez com moderação. Se usado em excesso, pode parecer manipulativo e comprometer a confiança do cliente em você. Além disso, é essencial que o produto ou serviço apresentado tenha valor real para cliente, independentemente da escassez ou limitação apresentada.

Autoridade

Esse gatilho é baseado na ideia de que, como seres humanos, tendemos a confiar em autoridades e especialistas em um determinado assunto.

Quando uma pessoa ou marca é vista como uma autoridade em um determinado assunto, nosso cérebro associa essa autoridade à qualidade e confiabilidade. Isso faz com que sejamos mais propensos a seguir suas recomendações e confiar em sua expertise. Isso pode ser feito por meio da citação de especialistas ou autoridades renomadas em um determinado campo, como médicos, cientistas ou celebridades. Ao associar a marca a uma autoridade confiável, o cliente é mais propenso a acreditar nas informações apresentadas e a considerar a compra do produto ou serviço.

Outra forma de usar o gatilho mental de autoridade é apresentar a marca como uma especialista em seu campo de atuação. Isso pode ser feito por meio da criação de conteúdo informativo e educacional que demonstre o conhecimento e diferencial da marca em relação ao assunto.

Assim como no gatilho de escassez, o de autoridade deve ser usado com moderação para não gerar desconfiança e comprometer seu relacionamento com o cliente.

Prova Social

O gatilho mental de prova social é um dos mais eficazes para influenciar o comportamento humano. Ele se baseia na ideia de que as pessoas tendem a seguir o comportamento dos outros, especialmente quando estão em situações de incerteza ou ambiguidade. Quando vemos que outras pessoas estão agindo de uma determinada maneira, tendemos a acreditar que essa é a escolha correta e a imitá-las.

Um dos principais benefícios da prova social é que ela pode ajudar a reduzir a ansiedade e a incerteza que as pessoas sentem ao tomar decisões. Quando vemos que outras pessoas estão satisfeitas com um produto ou serviço, nos sentimos mais confiantes de que estamos tomando a decisão certa. Isso pode ser especialmente importante em situações em que há um risco envolvido, como a escolha de um tratamento médico ou um investimento financeiro.

No entanto, é importante lembrar que a prova social pode ser usada para influenciar o comportamento das pessoas de maneira positiva ou negativa. Por exemplo, em situações de crise, como uma emergência de saúde pública, a prova social pode ser usada para incentivar as pessoas a se vacinarem ou a praticarem o distanciamento social. No entanto, também pode ser usada para disseminar informações falsas ou para incentivar comportamentos perigosos, como a condução sob efeito de álcool.

Por isso, é importante usar a prova social de maneira ética e responsável. As empresas devem apresentar apenas depoimentos e estatísticas verdadeiras e evitar usar a prova social de maneira enganosa. As autoridades públicas devem se certificar de que as informações que estão sendo disseminadas são precisas e confiáveis e devem trabalhar para combater a desinformação.

Reciprocidade

A reciprocidade é um princípio arraigado em nossa sociedade, que remonta aos tempos mais remotos. É uma poderosa força motivadora que nos instiga a retribuir favores, presentes e atitudes positivas recebidas. Em seu trabalho seminal, Cialdini (2001) observa que essa tendência está profundamente enraizada em nossa natureza humana, influenciando nossa tomada de decisões de forma sutil.

O gatilho mental de reciprocidade se baseia na ideia de que as pessoas têm uma forte tendência a retribuir um favor ou gentileza que lhes foi feito. Quando alguém nos faz um favor ou nos oferece algo, sentimos uma obrigação natural de retribuir.

Ao empregar o gatilho da reciprocidade no seu atendimento é possível criar esse senso de obrigação moral no receptor da mensagem. Por exemplo, ao oferecer algo de valor gratuitamente, seja uma amostra de produto ou um serviço complementar, estamos ativando o desejo inerente de retribuir aquilo que nos foi dado.

Podemos compreender a dinâmica da reciprocidade ao analisar um exemplo prático: imagine-se em um restaurante, onde o chef talentoso envia à sua mesa uma degustação exclusiva de sua nova criação. Esse gesto inesperado e generoso desperta em você um senso de gratidão e desejo de retribuir. Quando o garçom, em seguida, menciona que a casa oferece um menu degustação especial, você se sente mais inclinado a experimentar essa opção e até mesmo considerar outros pratos do cardápio, devido à reciprocidade desencadeada pela ação inicial do chef.

Por outro lado, é crucial abordar também as diferentes perspectivas relacionadas à reciprocidade. Embora seja uma poderosa ferramenta de influência, é importante utilizá-la de forma ética e transparente. Em seu estudo clássico, Regan (1971) mostrou que a reciprocidade pode ser abusada quando usada de maneira manipulativa, gerando desconfiança e ressentimento.

Como diria Cialdini (2001): "A reciprocidade pode ser uma força surpreendentemente persuasiva, mas apenas quando usada com sinceridade e consideração."

Um dos principais benefícios da reciprocidade é que ela pode ajudar a construir e fortalecer relacionamentos. Quando alguém nos faz um favor ou nos oferece ajuda, isso cria um vínculo emocional entre nós e aumenta a probabilidade de que continuemos a nos relacionar com essa pessoa.

Além disso, a reciprocidade pode ter um efeito ainda mais forte quando o favor ou a gentileza oferecida são personalizados para a pessoa. Quando alguém nos oferece algo que realmente valorizamos ou precisa, nos sentimos ainda mais obrigados a retribuir.

Dor X Prazer

O gatilho mental de dor e prazer é um fenômeno psicológico intrinsecamente humano, profundamente enraizado em nossas experiências e evolução como espécie. O uso desse gatilho consiste em mostrar como o seu produto pode ajudar as pessoas a evitar a dor e alcançar o prazer. Isso é feito através de mensagens que despertam emoções e sensações que estão relacionadas à essas sensações conflitantes.

Diversos estudos psicológicos, como aqueles conduzidos por B.F. Skinner e seus colegas behavioristas, forneceram insights importantes sobre a relação entre dor e prazer em nossas escolhas e comportamentos. Essas pesquisas evidenciam que os seres humanos tendem a buscar prazer e evitar a dor, pois esses impulsos básicos estão diretamente ligados à nossa sobrevivência e bem-estar.

Podemos comparar o gatilho mental de dor e prazer a uma balança delicada. Quando uma pessoa experimenta dor, o peso desse gatilho pode ser desequilibrado, causando angústia, estresse ou aversão. Por outro lado, o prazer pode trazer equilíbrio à balança, proporcionando satisfação, felicidade e motivação.

É importante conhecer as necessidades e desejos do seu cliente para saber quais dores e prazeres podem ser explorados no seu discurso. Por exemplo, se o seu cliente sofre com dores nas costas, você pode utilizar mensagens que mostra como o seu produto pode ajudar a aliviar essa dor e proporcionar mais conforto.

Usar comparações que despertem emoções e sensações relacionadas à dor e ao prazer. Por exemplo, se você quer persuadir as pessoas a comprar um produto para evitar a dor, utilize mensagens que mostrem como a dor pode ser insuportável e incapacitante, e como o seu produto pode ajudar a aliviar essa dor.

Utilize exemplos e histórias para mostrar como o seu produto pode trazer benefícios reais e concretos para seu cliente. Mostre como o seu produto pode ajudar as pessoas a evitar a dor e alcançar o prazer de forma tangível e mensurável.

É essencial utilizar a audição ativa (falaremos a seguir) para identificar qual gatilho mental será mais eficaz. É importante a utilização dessa técnica seja feita de forma autêntica e não manipulativa. As pessoas podem detectar facilmente quando estão sendo manipuladas e isso pode prejudicar a sua imagem e credibilidade.

Combinar vários gatilhos mentais pode aumentar a eficácia da sua estratégia. Por exemplo, ao usar o gatilho da autoridade e da prova social juntos, pode aumentar seu resultado, mas mantenha-se atento, é importante ajustar a intensidade do gatilho para se adequar à situação.

Ao utilizar os gatilhos mentais de forma estratégica e autêntica, é possível aumentar a persuasão e influência sobre o seu cliente em todas as fases da venda, que começaremos a ver no próximo capítulo.

Perguntas para estudo e aplicação

1) Como funcionam os gatilhos mentais?

____

____

____

____

2) Cite exemplo de 3 gatilhos.

____

____

____

____

3) Quais os principais benefícios do gatilho de prova social?

____

____

____

____

____

4) É possível utilizar dois gatilhos mentais ao mesmo tempo?

____

____

____

____

Passo 1: Preparação

9.56 segundos é muito tempo? Imagine passar um ciclo de preparação, fazendo uma variedade de treinamentos em técnicas e exercícios específicos para ajudá-lo a alcançar seu objetivo. Exercícios aeróbicos, com corridas de longa distância em dias alternados para ajudar a desenvolver sua resistência cardiovascular e capacidade aeróbica. Corrida em estrada, corrida em pista e em montanha.

Exercícios anaeróbicos com corrida de curta distância com intensidade máxima, praticas para resistência muscular, como treinamento de pesos, e treinamento de explosão, como saltos pliométricos. Treinamento de corrida de velocidade com resistência, usando equipamentos como cintos de resistência ou arrastando pneus. Exercícios de levantamento de peso e musculação para desenvolver sua explosão muscular e aceleração. Dieta cuidadosamente planejada, rica em carboidratos complexos, proteínas magras e gorduras saudáveis, além de suplementos nutricionais como proteína em pó, vitaminas e minerais para fornecer os nutrientes necessários para seu treinamento e recuperação.

Períodos programados de descanso e recuperação para permitir que seu corpo se recuperasse adequadamente. Receber massagem regularmente e fazer uso de técnicas de crioterapia para ajudar a reduzir a inflamação muscular e acelerar a recuperação.

Cansou só de ler? O atleta que praticou essa preparação, passou por mais de 4 anos com esse intenso treinamento para participar no atletismo da prova dos 100 metros rasos, ao qual venceu. Quebrou o recorde mundial, que já era dele mesmo, diga-se de passagem, em 9,54 segundos. Seu nome é Usain Bolt, já ouviu falar dele? A preparação foi muito mais longa e desafiadora que a prova, mas sem ela, muito provavelmente (pra não ser fatalista e afirmar com toda certeza) o resultado não seria o mesmo.

O primeiro passo da venda é a preparação e estar preparado vai te colocar na frente da maioria das pessoas! A venda é como uma colcha de retalhos, cada parte está interligada com a próxima, são indivisíveis, todas são de extrema importância. Colcha de retalhos? Acho que dei um exemplo que denuncia meu nascimento no século passado. Vamos propor um exemplo mais atual! Pense em um filme recém lançado que você tem interesse. Divida esse filme em 7 partes iguais. Você até pode pular as duas primeiras partes, mas o entendimento da obra como um todo, será prejudicado. A experiência não será plena. Cada etapa da venda deficitária, diminui a eficiência da próxima.

O que é, afinal, estar preparado? De maneira geral a preparação é uma ação preliminar, ou seja, quando você dedica um certo tempo agora, para efetuar determinada tarefa no futuro. Envolve atitudes deliberadas e conscientes que visam melhorar a performance e alcançar resultados desejados.

A maneira de se preparar é tão variada quanto a quantidade de situações na vida para qual devemos estar preparados. Você não se prepara *para* alcançar determinado objetivo, se prepara *até* alcança-lo. Mas todas as formas de preparação têm alguns pontos em comum.

Imagine-se como um construtor, prestes a erguer um arranha-céu. Antes de colocar o primeiro tijolo, é essencial ter um plano sólido. O planejamento é o primeiro, e crucial, passo na preparação para a venda. O planejamento ajuda a definir metas claras e alcançáveis. Sem um plano, pode ser difícil saber exatamente o que você deseja alcançar e quais são os passos necessários para chegar lá.

O planejamento é uma parte essencial de qualquer preparação bem-sucedida. Planejar permite identificar recursos necessários para alcançar as metas e criar um cronograma de implementação, o que ajuda a evitar a procrastinação e manter o foco. Embora um plano cuidadosamente elaborado possa ajudá-lo a alcançar suas metas, pode haver circunstâncias imprevistas que alterem o curso do planejado. Nessas situações, ser flexível permitirá que você se adapte rapidamente e minimize quaisquer perdas.

No entanto, um plano sem disciplina é apenas um conjunto de ideias no papel. É aqui que a disciplina entra em jogo. A disciplina é a capacidade de se manter focado, seguir o plano e executar as tarefas diárias com consistência.

É o poder interior que o impulsiona mesmo quando o caminho se torna desafiador. Lembre-se de que não há atalhos para o sucesso, apenas a disciplina constante o levará adiante. A disciplina é uma habilidade fundamental para o sucesso da em qualquer área de atuação, e é especialmente importante para a preparação diária. Ao ter disciplina, você é capaz de se concentrar em suas tarefas e objetivos, e tomar as medidas necessárias para alcançá-lo.

Mantenha a persistência em sua preparação, ela é necessária para superar os desafios e dificuldades que podem surgir durante o processo. É a qualidade de não desacelerar diante das dificuldades, é a capacidade de continuar tentando mesmo quando as coisas não estão saindo como planejado. Isso porque qualquer preparação exige tempo, dedicação e esforço. E ao longo do caminho, é normal enfrentar obstáculos e contratempos que podem desanimar.

A persistência vai te ajudar a manter o foco e a determinação de continuar trabalhando duro e acreditando em si mesmo, mesmo quando os resultados não são imediatos. E perseverar pode determinar a diferença entre alcançar o sucesso e parar no meio da jornada. Quando somos persistentes, aprendemos a lidar melhor com a frustração e a superar os obstáculos que aparecem no caminho. Aprendemos a nos adaptar e a encontrar novas maneiras de abordar o problema. E isso é essencial para qualquer preparação, pois nem sempre as coisas saem como planejado e é preciso ter flexibilidade para mudar o rumo e continuar avançando, afinal de contas, tudo muda o tempo todo. Quando nos comprometemos com um objetivo e persistimos nele, mesmo quando a motivação não está no nível mais elevado, estamos criando hábitos positivos que nos ajudam a alcançar o sucesso a longo prazo. A persistência é essencial para manter a autoconfiança e a autoestima. Quando nos esforçamos para alcançar um objetivo e persistimos nele, mesmo quando as coisas parecem difíceis, estamos demonstrando para nós mesmos que somos capazes e que temos valor. E isso é fundamental para manter a motivação e a energia necessárias para continuar avançando.

Conhecimento sobre o que está vendendo é indispensável. Você deve conhecer seu produto do que a palma da sua mão. Familiarize-se com os recursos, benefícios e peculiaridades que o tornam único. Pergunte-se: "Por que alguém compraria isso?" A resposta será o seu ponto de partida para uma venda convincente. Conhecer cada detalhe, cada funcionalidade e cada benefício que ele oferece. Pergunte-se: "O que meu produto faz de especial? Como ele resolve os problemas dos clientes? Quais são os recursos únicos que o diferenciam da concorrência?" Quanto mais você souber sobre as características distintas do seu produto, mais confiança terá ao apresentá-lo aos clientes em potencial. Lembre-se de que o conhecimento do seu produto não é apenas uma ferramenta para vender, mas também uma fonte de confiança. Quando você domina seu produto, transmite segurança aos seus clientes. Eles sentirão que estão em boas mãos, lidando com alguém que sabe do que está falando.

Mas não pense que o conhecimento sobre seu produto é algo estático. Abrace uma mentalidade de aprendizado contínuo. Mantenha-se atualizado com as tendências do mercado. Leia livros, acompanhe blogs, participe de webinars e esteja sempre aberto a aprender. O conhecimento é uma ferramenta poderosa. Se prepare e melhore a cada dia, todo dia. Crie a poderosa mentalidade de nunca estar pronto, mas estar sempre preparado. Casa instante é uma oportunidade para aprender algo. Agora que você já adotou o mindset aberto, esse desafio será menor.

Não subestime a importância da preparação mental. Acredite em si mesmo e em sua capacidade de alcançar o sucesso. Cultive uma mentalidade positiva, visualize suas metas sendo alcançadas e mantenha-se motivado. O poder do pensamento positivo não deve ser subestimado. Seja seu próprio treinador, seu maior apoiador e seu melhor amigo.

Avaliar-se é importante para monitorar o progresso e garantir que o processo de preparação esteja no caminho certo. Isso envolve medir o desempenho, identificar áreas de melhoria e fazer ajustes no plano de ação, se necessário.

Perguntas para estudo e aplicação

1) O que significa estar preparado?

____

____

____

____

____

2) Qual a importância da preparação?

____

____

____

____

3) Quais as características comuns às mais diversas preparações?

____

____

____

____

____

4) Qual a importância de conhecer seu produto?

____

____

____

____

____

Passo 2: Primeira impressão

As pessoas amam comprar, mas odeiam que algo seja vendido para elas. Como já sabemos a atividade de compra e venda é uma prática recorrente em nossa sociedade, e os motivos pelos quais as pessoas gostam de comprar podem ser bastante variados. A sensação de prazer e a satisfação pessoal são alguns dos principais motivos pelos quais as pessoas se sentem motivadas a comprar algo. A aquisição de novos itens pode trazer uma sensação de felicidade, especialmente quando se trata de algo que a pessoa realmente deseja. Ainda que sejam itens de necessidade, seja para suprir bens de consumo diário, como alimentos e produtos de higiene pessoal, ou itens maiores, como móveis ou eletrodomésticos.

A relação de compra e venda é complexa e multifacetada, mas existem algumas razões comuns que explicam por que as pessoas gostam de comprar, mas não gostam que lhes vendam algo. As pessoas gostam de sentir que estão no controle da situação, quando alguém tenta vender algo para elas, isso pode ser percebido como uma tentativa de manipulação, o que pode tirar a sensação de controle e autonomia do comprador, criando o receio de terem suas emoções exploradas. Quando alguém está vendendo algo, pode tentar apelar, explicitamente, para as emoções do cliente, fazendo com que se sinta culpado por não comprar.

A pressão para compra é outro fator que contribui para essa sensação de desconforto, já que os vendedores muitas vezes tentam pressionar as pessoas a comprar algo que não desejam ou não precisam naquele momento, optando por levar em consideração apenas interesses próprios. Essa pressão gera a desconfiança, que é outro fator determinante para a aversão à venda.

As pessoas podem não confiar nos vendedores por experiências anteriores negativas ou por sentir que o vendedor não está sendo sincero ou não está oferecendo um produto ou serviço de qualidade que seja realmente relevante para o cliente.

Criar um relacionamento genuíno é o primeiro, e o mais importante, passo para superar essas barreiras. Vender é servir ao outro, ser um facilitador para resolver uma dor. Quanto mais você serve ao seu cliente, mais vendas você faz. Parecem ideias opostas não é mesmo? Afinal de contas, quem quer vender é você, mas capacidade de colocar seu cliente em primeiro lugar vai fazer você executar a venda. Para isso o vendedor precisa deixar seu ego de lado, não se colocar no lugar de comando, de quem toma a decisão, praticar a empatia, e no final do atendimento, fechar a venda.

Aqui se inicia o processo de construção do relacionamento entre você e quem você vai atender, sem construí-lo, seu caminho para a venda será muito mais desafiador. Esse primeiro contato irá ditar o ritmo de seu atendimento e determinará o caminho que deve ser seguido e ele pode ser muito mais curto se o cliente comprar seu produto principal, você! Daí surge a importância do relacionamento. O primeiro contato com o cliente será a diferença entre você ganhar o direito de falar ou de não ser ouvido. Você pode efetuar uma demonstração fantástica, ter ótimos argumentos, o melhor produto, ideia ou serviço, utilizar 35 gatilhos mentais, 912 técnicas de vendas, caso seu cliente não der ouvidos ao que está falando, nada será efetivo, tamanho é o poder do relacionamento, que começará a ser construído com a imagem que o cliente fará de você.

A formação de opinião de uma pessoa no primeiro contato envolve processos neurológicos complexos. Quando uma pessoa é exposta a uma nova experiência, seja ela uma pessoa, um objeto ou uma ideia, seu cérebro começa a processar informações sensoriais através de suas vias neurais. Uma das primeiras áreas do cérebro a ser ativada nesse processo é o córtex pré-frontal, que é responsável pela tomada de decisões e pelo processamento cognitivo. Ele é importante para a formação de uma primeira impressão sobre a nova experiência, com base em informações como aparência física, comportamento e linguagem corporal.

Além disso, a formação de opinião também envolve a ativação de redes neurais associativas que se conectam às memórias, valores e experiências pessoais da pessoa. Por esse motivo é tão importante desmitificar a imagem do vendedor mercenário desde o primeiro contato.

Essas redes podem ser ativadas quando a nova experiência é associada a algo familiar ou relevante para a pessoa. Tudo isso ocorre em poucos segundos e utilizar a técnica certa irá te ajudar a criar essa conexão positiva com seu cliente.

Na abordagem ao cliente, a técnica de rapport pode ser usada para criar uma conexão rápida e eficaz com a outra pessoa, é um dos principais métodos que contribuem para a construção de um relacionamento.

Rapport é um termo de origem francesa que significa "harmonia" ou "relacionamento". A técnica de rapport têm como objetivo estabelecer uma conexão positiva entre duas ou mais pessoas. Quando aplicamos essa técnica estamos demonstrando para a outra pessoa que estamos interessados em compreendê-la e estabelecer um diálogo produtivo permitindo que as pessoas se sintam à vontade e seguras para compartilhar suas ideias e opiniões. A conexão por rapport é composta por diversas técnicas sutis.

Inicie seu atendimento abordando um assunto não relacionado à venda. Vimos acima alguns dos motivos da aversão das pessoas a terem produtos vendidos a si. Inicie uma conversa, um quebra gelo, para diminuir a resistência do seu cliente. Com isso você demonstra estar mais interessado nele do que na venda, mitigando a aparência interesseira.

Observar o cliente atentamente é fundamental para que você possa encontrar características que podem ser usadas como assunto inicial. As cores da roupa. Tipo de calçado, se está usando óculos ou até mesmo um acessório. Até os mínimos detalhes podem se tornar assunto para quebrar a resistência inicial do cliente.

Iniciada a conversa, encontre algo em comum com a outra pessoa, como um hobby, interesse ou experiência compartilhada. Isso ajudará a estabelecer uma conexão emocional desde o início e criar uma sensação de familiaridade.

Utilize o espelhamento na linguagem não verbal da outra pessoa, como postura, gestos e expressões faciais. Isso ajuda a criar uma sensação de sintonia e empatia, o que pode ajudar a estabelecer uma conexão mais rapidamente. Demonstre interesse genuíno na outra pessoa, fazendo contato visual, ouvindo atentamente e respondendo de maneira atenciosa. Isso ajuda a criar uma conexão emocional mais forte e aumenta as chances de um relacionamento duradouro.

Cada ser humano é único, até na sua maneira de falar. Fale a mesma língua do cliente. Seja mais formal ou descontraído de acordo como a maneira de se expressar do outro. Isso vai colaborar para que ele se sinta familiarizado, à vontade, com você.

Se adapte ao seu cliente para deixa-lo próximo de você e quebrar a resistência inicial, mas lembre-se de mostrar que você é diferenciado, único. Você está criando um relacionamento e sua marca deve ficar na memória do cliente.

Fique atento para identificar o perfil sensorial predominante do cliente para utilizar o rapport de maneira assertiva. Sinestésico, auditivo ou visual? Identificar o perfil sensorial do cliente pode exigir uma observação atenta durante o primeiro contato.

O cliente sinestésico tem uma conexão profunda com as sensações físicas e valorizam o toque. Para eles, cada experiência é uma sinfonia de sensações. Durante a conversa inicial, esteja atento a descrições sensoriais detalhadas. Os clientes sinestésicos tendem a descrever experiências sensoriais de maneira vívida e podem usar metáforas para se expressar.

Ao identificar um cliente sinestésico, não economize nas descrições sensoriais, espelhando a maneira que o cliente se expressa. Use uma linguagem descritiva rica em detalhes

Os sinestésicos tendem a ser mais receptivos a experiências tangíveis. Então, essa informação será muito valiosa ao demonstrar seu produto de forma prática. Deixe-os tocar, experimentar e vivenciar tudo o que você tem a oferecer. Por exemplo, ao abordar algum assunto, descreva as cores, texturas e sensações associadas.

Em contrapartida, um cliente auditivo é alguém que tem preferência por receber informações e se comunicar principalmente por meio da audição. Eles são mais sensíveis aos sons, nuances da fala e apreciam a troca verbal clara e direta.

Ao interagir com um cliente auditivo, é
fundamental falar de maneira clara e articulada. Evite
falar muito rápido ou de forma indistinta. Mantenha um
volume adequado da voz, sem ser excessivamente alto,
mas suficientemente audível para o cliente. Os auditivos
são mestres em ouvir e apreciam quando alguém lhes dá
a mesma atenção. Demonstre interesse genuíno em suas
opiniões e ideias, e esteja disposto a ouvir suas
preocupações. Ao mostrar que você valoriza o que eles
têm a dizer, estará fortalecendo a conexão entre vocês.

Quando estiver apresentando produtos, serviços ou
informações, forneça descrições detalhadas e verbais.
Isso ajudará o cliente auditivo a entender completamente
o que está sendo discutido. Evite depender apenas de
material adicional escrito, pois eles podem preferir ouvir
as informações diretamente de você.

Por fim, os clientes visuais, aqueles que encontram
inspiração e beleza nas cores, formas e imagens que nos
rodeiam. Os visuais são seres altamente observadores e
valorizam a estética e o apelo visual. Geralmente utilizam
uma linguagem rica em descrições visuais. Eles podem
falar em termos de cores, formas, tamanhos e outros
elementos visuais ao descrever suas experiências.

Esses clientes costumam valorizar o aspecto estético e
o design de produto. Eles podem mencionar a
importância da aparência, layout e organização visual.
O perfil visual é muito observador. Então tenha atenção
redobrada com a linguagem não verbal como expressão e
gestual. Lembre-se do espelhamento.

Ao se comunicar, os clientes visuais podem fazer referência a imagens, vídeos e exemplos visuais. Eles podem buscar inspiração em sites e redes sociais.

Ao interagir com um cliente visual, é importante considerar a aparência da sua comunicação. Utilize material adicional como imagens, fotos e gráficos pertinentes e, se possível, crie uma apresentação visualmente atraente para compartilhar informações. Pode ser um portfólio de trabalhos anteriores, amostras de designs ou imagens que ilustrem conceitos discutidos. Compartilhe exemplos visuais relevantes durante a conversa.

Deixe claro que você entende e valoriza a importância dos aspectos visuais para o cliente. Fale sobre como você pode atender às suas necessidades estéticas e de design, destacando sua experiência e conhecimento na área.

Agora que você conhece um pouco mais sobre cada um deles, está preparado para criar conexões mais rapidamente e de forma personalizada utilizando as técnicas de rapport que mais se enquadra em cada perfil.

Perguntas para estudo e aplicação

1) Qual a importância do relacionamento para a venda?

____

____

____

____

____

2) Quais os fatores que levam as pessoas a não gostarem que vendam para elas?

____

____

____

____

____

3) Qual a importância de identificar o perfil sensorial do cliente?

____

____

____

____

____

4) O que é rapport?

____

____

____

____

____

Passo 3: Investigação.

Em 1887 Sir Arthur Conan Doyle nos apresentou através do seu livro, Um Estudo em Vermelho, o célebre detetive Sherlock Holmes. Um investigador singular e obsessivo para resolver enigmas complexos de crimes. Ele utilizava o método cientifico para analisar dados e alcançar as respostas tornando-se assim um mestre na dedução. Tão importante quanto o método de análise dos dados, era a obtenção das informações a serem analisadas. Elementar meu caro leitor, Sherlock Holmes era também um perito em obtenção de dados, um especialista em investigação, nossa etapa da venda. Essa etapa tem como objetivos principais: estreitar relacionamento, buscar informações relevantes para o cliente, otimizar seu atendimento, direcionar sua apresentação para a direção correta e fazer o cliente refletir sobre o produto convencendo a si mesmo da compra. Evitando assim, desperdício de energia e de palavras com aquilo que não é interessante para seu cliente.

Todo cliente tem uma dor a ser resolvida, uma vontade ou necessidade. Descobrir essa dor é o objetivo para o sucesso da investigação. Para isso é necessário ter atenção em três aspectos. Utilizar a técnica de perguntas abertas, ouvir de maneira genuína e ter empatia com a dor do outro.

As perguntas abertas são aquelas que não possuem uma resposta específica. A resposta para esse tipo de pergunta não podem ser "sim" ou "não". Elas permitem e incentivam que o cliente possa responder de forma ampla e detalhada. Essa técnica é comumente usada em entrevistas, terapia, resolução de problemas, entre outros. Ela permite que seu cliente expresse sua opinião ou ideias livremente, sem a necessidade de escolher entre opções predefinidas.

Por exemplo, em uma entrevista de emprego, uma pergunta fechada seria "Você tem experiência em liderança?" e uma pergunta aberta seria "Como você lidera uma equipe?". A primeira pergunta não permite que o entrevistado fale sobre seu estilo de liderança, enquanto a segunda pergunta permite uma resposta mais detalhada e expansiva.

As perguntas abertas possuem uma capacidade notável de levar os clientes a uma reflexão profunda sobre suas necessidades, desejos e objetivos. Ao explorar essas questões de forma aberta e não direcionada, os clientes têm a oportunidade de avaliar sua própria situação de forma mais objetiva e crítica. Isso os coloca em uma posição em que podem considerar diferentes soluções e produtos sem sentir que estão sendo pressionados ou persuadidos a tomar uma decisão de compra.

Uma das principais razões pelas quais as perguntas abertas são eficazes nesse sentido é que elas permitem que os clientes se tornem protagonistas de sua própria jornada de compra. Ao invés de receber informações passivamente, os clientes são encorajados a pensar por si mesmos, identificar suas necessidades específicas e considerar como um determinado produto ou serviço pode atender a essas necessidades.

Ao fazer perguntas abertas, você pode criar um ambiente em que os clientes se sintam ouvidos, valorizados e respeitados. Isso gera uma atmosfera de confiança e estabelece uma relação de parceria entre vocês. Quando os clientes se sentem à vontade para compartilhar suas opiniões e preocupações, eles são mais propensos a se envolver ativamente na busca por soluções e tomar decisões baseadas em suas próprias reflexões.

Essas perguntas permitem que os clientes explorem as ramificações e os benefícios potenciais do seu produto de forma mais abrangente. Ao serem incentivados a descrever como uma solução ideal se encaixaria em suas vidas, os clientes começam a visualizar os benefícios tangíveis e os resultados positivos que poderiam obter. Essa visualização pode despertar um senso de empolgação e motivação intrínseca, levando-os a considerar o produto como uma escolha natural e lógica.

Outro aspecto crucial das perguntas abertas é que elas estimulam a reflexão sobre as consequências de não agir ou não fazer uma compra. Ao questionar os clientes sobre os desafios e problemas que eles enfrentam atualmente, bem como sobre os impactos negativos dessas questões em suas vidas, o vendedor cria um senso de urgência e importância em relação à resolução desses problemas. Como resultado, há possibilidade de ativar o gatilho de dor x prazer e o cliente pode chegar à conclusão de que a compra é uma decisão necessária e benéfica para melhorar sua situação, antes mesmo que você apresente o produto!

É importante ressaltar que, embora as perguntas abertas tenham o potencial de levar os clientes a convencerem a si mesmos de uma compra, isso não significa que o vendedor esteja manipulando ou enganando o cliente. A abordagem com perguntas abertas é baseada na compreensão das necessidades e desejos do cliente, oferecendo informações relevantes e ajudando-os a tomar uma decisão informada.

Em contra partida, não fazer perguntas abertas pode ter implicações negativas para seu atendimento. Se as perguntas são muito fechadas ou direcionadas, podem deixar o cliente sem espaço para explorar sua própria perspectiva ou experiência. Isso pode levar a uma conversa superficial ou a respostas curtas e incompletas que, consequentemente, não vão fornecer informações suficientes para auxiliar na sua apresentação. Além disso, se o vendedor faz perguntas fechadas, o cliente pode sentir que está sendo interrogado ou que não há interesse real em ouvir suas opiniões. Envia a mensagem (verbal e não verbal) que você está fazendo essas perguntas apenas por interesse próprio e isso não vai te ajudar a vender.

Por esse motivo é importante a cada pergunta que fizer, reforçar e/ou comentar a resposta do cliente, gerando conexão e enviado a mensagem que você se importa e que está ouvindo.

Para fazer as perguntas abertas, utilize as palavras: "como", "quando", "quem", "onde", "por que", entre outras.

Lembre-se que as perguntas abertas são utilizadas para obter informações, ou seja, ouvir é mais importante do que falar.

Quando nos concentramos em ouvir como se a pessoa que está falando fosse a mais importante no mundo, o que na realidade, naquele momento é, estamos demonstrando respeito, empatia e interesse no que a outra pessoa tem a dizer. Isso vai permite absorver todas as informações que a outra pessoa está compartilhando, consciente, através das palavras e inconsciente através da linguagem não verbal. Quando damos a devida importância ao que está sendo dito estamos nos concentrando completamente em suas palavras, tom de voz, expressões faciais e linguagem corporal. Isso permite obter uma compreensão completa do que a outra pessoa está tentando transmitir, incluindo detalhes importantes que podem ser perdidos se não estivermos prestando atenção.

Quando ouvimos atentamente, estamos mostrando à outra pessoa que valorizamos sua opinião e estamos dispostos a ouvir e aprender com e sobre ela, assim estamos construindo confiança e respeito, o que pode levar a relacionamentos mais positivos e colaborativos.

Quando praticamos a audição ativa estamos praticando a empatia, que é importante em toda relação.

A empatia é uma habilidade na construção de relacionamentos positivos e saudáveis.

Quando nos colocamos no lugar da outra pessoa, estamos demonstrando que nos importamos com seus sentimentos e estamos dispostos a compreender sua perspectiva. Isso vai reforçar a criação de um ambiente de confiança e segurança, permitindo que a outra pessoa se abra mais facilmente e compartilhe suas opiniões e sentimentos. Ao entender a perspectiva da outra pessoa, também podemos evitar mal-entendidos e conflitos, já que estamos mais propensos a entender suas intenções e motivações.

Por outro lado, quando não nos colocamos no lugar da outra pessoa, podemos perder informações importantes e falhar em entender suas necessidades e desejos.

Observando essas três etapas da sondagem: fazer as perguntas abertas, ouvir ativamente e se colocar no lugar do outro, sua apresentação será para reforçar os benefícios que são relevantes para o cliente. As características do seu produto que resolverão a dor do outro, estarão em foco e transformar essas características em benefícios é uma habilidade que você vai precisar.

Perguntas para estudo e aplicação

1) Qual o principal objetivo da sondagem?

____

____

____

____

2) O que é empatia?

____

____

____

____

3) Qual a diferença entre pergunta aberta e fechada?

____

____

____

____

____

4) Como o cliente pode escolher por comprar com você sem que ofereça um produto para ele?

____

____

____

____

____

Passo 4: Apresentação

Você nunca comprou um produto. Sim, é isso mesmo! Você paga por seus produtos, mas você compra aquilo que esses produtos proporcionam. Você paga por um determinado aparelho de celular com 6GB de memória RAM, mas na verdade o que você comprou é a velocidade de operação do seu aparelho e a tranquilidade de utilizar seus aplicativos sem que ele "trave". Quando você contrata um serviço de pintura de sua residência, você paga pelo material a ser utilizado e pela mão de obra do profissional, mas você compra a beleza e sofisticação de sua casa. Você pode optar por adquirir um carro do ano, com motor potente e bancos de couro, e você paga por eles, mas na verdade o que busca é performance na aceleração e conforto ao dirigir.

Nós compramos benefícios, não características, ou seja, todo investimento que fazemos é naquilo que determinado produto nos proporciona.

A demonstração desempenha um papel fundamental na experiência de compra do cliente. Ao apresentar de forma prática e tangível os recursos e benefícios de um produto, você tem a oportunidade de cativar e despertar o interesse antecipando possíveis objeções.

É a oportunidade de seu cliente experimentar e visualizarem os resultados que pode obter ao adquirir o que está sendo oferecido proporcionando uma experiência de compra.

Ao invés de apenas descrever ou mostrar imagens, é possível criar uma conexão emocional e sensorial com o produto. Quando o cliente pode ver, tocar, experimentar e vivenciar os benefícios por si mesmos, a probabilidade deles se sentirem envolvidos e entusiasmados aumenta significativamente.

A demonstração fornece evidências concretas da eficácia e qualidade daquilo que está sendo oferecido. Muitas vezes, os clientes têm dúvidas sobre a capacidade de um produto em atender às suas necessidades e expectativas específicas. Ao demonstrar seu funcionamento e os resultados que pode oferecer, você tem a oportunidade de dissipar essas preocupações e construir confiança.

Outro aspecto importante é que a demonstração deve ser personalizada e a apresentação de acordo com a dor do cliente. Ao interagir diretamente com ele durante a demonstração, é possível reforçar suas preferências e adaptar a abordagem de venda para destacar os aspectos mais relevantes e convincentes do produto. Essa personalização aumenta as chances de os clientes se sentirem valorizados e de encontrarem uma solução que realmente atenda às suas expectativas.

Uma apresentação bem feita proporciona uma oportunidade para a antecipação de objeções. Durante a apresentação, os vendedores podem antecipar possíveis preocupações dos clientes e abordá-las imediatamente, mostrando como o produto ou serviço supera tais obstáculos. Ao fornecer respostas claras e convincentes, a demonstração ajuda a minimizar as objeções e a eliminar as barreiras para a conclusão da venda.

A experiência do cliente deve ser memorável. Quando os clientes têm uma experiência positiva e marcante durante a demonstração, eles tendem a se lembrar dela por mais tempo. Essa lembrança positiva fortalece o vínculo entre o vendedor e o cliente, aumentando as chances de futuras vendas e recomendações.

A habilidade de transformar características em benefícios é uma das mais importantes em uma excelente demonstração, por isso é importante compreender a diferença entre eles.

Características são as especificações técnicas de um produto ou serviço, tais como tamanho, cor, peso, velocidade, capacidade e outras características mensuráveis. Já os benefícios são as soluções que essas características oferecem aos clientes, como economia de tempo, economia de dinheiro, maior conforto, facilidade de uso, eficácia, segurança e outros fatores que agregam valor.

A transformação de características em benefícios é essencial para criar o desejo de compra e mostrar, de forma que seu cliente entenda, aquilo que pode ganhar efetuando a compra. Para fazer isso, é necessário identificar as características do produto, em seguida, explicar como essas características podem beneficiar o cliente. Estudar e conhecer sobre as características dos produtos deve fazer parte da preparação diária.

Por exemplo, se um cliente está procurando por um carro novo, ele pode estar interessado em saber as características do veículo, como o motor, a potência, a capacidade de carga e a eficiência de combustível. No entanto, essas características podem não ser suficientes para convencer o cliente a comprar o carro. Em vez disso, o vendedor deve transformar essas características em benefícios tangíveis, como a economia de combustível que o veículo oferece, o conforto que ele proporciona durante longas viagens e a capacidade de carga que o torna ideal para viajar em família.

Outro exemplo pode ser de um software de gerenciamento financeiro que possui características como a capacidade de criar orçamentos, monitorar gastos e gerar relatórios financeiros. No entanto, o vendedor pode transformar essas características em benefícios convincentes, como a economia de tempo e dinheiro que o software proporciona, a simplificação do processo de gerenciamento financeiro e a facilidade de acesso a informações precisas e atualizadas.

Ao apresentar os benefícios, é fundamental compreender as necessidades e desejos do cliente. Ao fazer isso, é possível adaptar as características para torná-las mais relevantes e valiosas para a outra pessoa. Lembra que na sondagem você fez perguntas abertas para identificar qual a dor do seu cliente? A demonstração deve ser focada na resolução dessa dor.

Seu produto tem inúmeras características que trazem benefícios, mas lembre-se de priorizar os benefícios que vão resolver a dor que você identificou na sondagem, haja como um atirador de elite, acertando o alvo. Falar de benefícios que não são interessantes para o cliente pode deixar sua apresentação "sem graça" e fazer com que perca a atenção.

Criar uma necessidade para seu cliente pode ajudar a aumentar as chances de sucesso na apresentação do produto. A ideia por trás dessa técnica é mostrar cliente de que ele precisa do seu produto, mesmo que ele não tenha percebido essa necessidade antes.

Para criar uma necessidade para o cliente, você deve começar por entender as necessidades e desejos do dele e, em seguida, destacar como o produto ou serviço oferecido pode resolver esse problema. Isso pode ser feito por meio de técnicas de storytelling, onde você conta histórias ou exemplos que ilustram como outras pessoas ou empresas tiveram sucesso ao utilizar o produto ou serviço.

Uma estratégia adicional é criar um senso de urgência ou necessidade imediata. Isso te lembra algum gatilho mental?

Durante a apresentação do seu produto faça perguntas com as quais o cliente deve concordar com você que o benefício apresentado é o que ele precisa.

Uma maneira eficaz de conseguir isso é através do uso de perguntas de atração. Essas perguntas são formuladas de maneira a levar o cliente a concordar com o que está sendo apresentado, ao invés de simplesmente impor informações. Em outras palavras, elas são projetadas para envolver o cliente em um diálogo construtivo, em vez de apenas falar sobre o produto.

Ao fazer perguntas de atração você pode ajudar o cliente a reconhecer a necessidade ou o desejo no seu produto. Isso permite que seu cliente se sinta mais engajado no processo de compra e mais confiante em sua decisão. Além disso, as perguntas de atração também podem te ajudar a entender melhor as necessidades e desejos do cliente, caso ainda tenha algo que ainda não identificou, permitindo que você adapte sua apresentação de acordo com aquilo que o cliente fala.

Para que as perguntas de atração sejam eficazes, é importante que elas sejam bem formuladas e relevantes para o produto que você está apresentado.

Lembre-se de usar a linguagem do cliente para tornar os benefícios mais relevantes. Ao fazer isso, você vai continuar estabelecendo uma conexão mais forte com a outra pessoa e demonstrar que compreende suas necessidades.

A pergunta de atração deve iniciar ou terminar com a palavra "concorda?" e devem ser fechadas. Por exemplo, "Você concorda que esse produto pode resolver seu problema?"

Até o momento temos usado majoritariamente perguntas abertas e agora mudamos tecnicamente para fechada.

Essa mudança na técnica para perguntas fechadas é uma estratégia que visa direcionar o cliente a tomar uma decisão específica. Fazendo com que o cliente concorde com você e, consequentemente, fique mais disposto a tomar uma decisão positiva em relação à compra do produto. Essa técnica é baseada na premissa de que as perguntas fechadas, que podem ser respondidas com "sim" ou "não", têm o poder de direcionar a conversa e fazer com que o cliente se comprometa com uma decisão.

No entanto, é importante lembrar que essa técnica deve ser utilizada com moderação e de forma estratégica. Se as perguntas fechadas forem usadas de forma excessiva ou sem considerar as necessidades e desejos do cliente, elas podem parecer manipuladoras e prejudicar a relação entre você e seu cliente.

Após apresentar seu produto como saber se o cliente vai comprar sem fazer uma pergunta direta? Perguntas como "vamos fechar" podem ser inconvenientes. Mas temos a solução.

Faça uma afirmação sobre a compra e ofereça algum outro produto adicional. Por exemplo: "hoje você *vai* levar o carro e aproveitar pra colocar rodas de liga leve?"

Tenha atenção para suprimir o uso da dupla de negação, muito comum no português brasileiro. "Não quero não". "**Não** quer aproveitar que vai levar o carro e levar juntos as rodas de liga leve **não**?" Palavras negativas nesse momento podem levar seu cliente a automatizar a negação, e nós queremos justamente o contrário.

Geralmente essa afirmação pode gerar três respostas;

"Fale mais sobre o produto adicional." Ótima resposta, além do produto principal você tem a oportunidade de vender mais um produto. Quando seu cliente comprar o produto secundário, utilize a mesma técnica de afirmação e ofereça outro produto adicional, até o cliente dizer que não quer mais produtos e fechar a compra com os escolhidos até então. Lembre que quem decide a hora de parar de comprar é o cliente. Não pare de oferecer.

"Hoje vou levar só o carro". Outra resposta excelente, afinal, o cliente afirmou que vai levar o produto principal.

"Pode anotar o valor para eu pensar?", "Não vou fechar agora", "Vou conversar com minha esposa para decidir", Etc. Uma resposta procrastinadora! Calma, sua venda ainda não está perdida. No próximo passo da venda vamos ver como contornar objeções.

Perguntas para estudo e aplicação

1) Como agregar valor ao seu produto?

____

____

____

____

2) Quando utilizar perguntas fechadas?

____

____

____

____

3) Como transformar características em benefícios?

____

____

____

____

____

4) A demonstração deve ter foco em qual característica do cliente?

____

____

____

____

____

Passo 5: Contorno de Objeções

Alguns especialistas no assunto afirmam que a venda só começa quando o cliente indica alguma objeção para a compra. Esse ponto de vista é defensável, baseado na importância das objeções como um ponto crucial no processo de vendas, onde ocorre um tipo de interação verdadeira entre o vendedor e o cliente que não ocorrera até então.

Eu discordo desse ponto de vista.

Observando atentamente cada passo da venda, temos técnicas para gerar essa interação desde o primeiro contato.

Como vimos no passo 1, a venda começa antes mesmo da interação do cliente, com a preparação.

O quebra gelo na abordagem vai gerar credibilidade para que você seja ouvido durante o atendimento.

As perguntas de investigação farão com o cliente compre o produto sem que você ofereça e vão gerar informações que serão utilizadas tanto na apresentação quanto no contorno de objeções.

Apresentar o produto com foco na dor do cliente irá sanar dúvidas, agregar valor ao produto, eliminar alguns questionamentos e minimizar as possibilidades de objeções.

Ora, se em todos os passos da venda, anteriores às objeções, estão focados, também, em mitigar essa etapa, não há sentido em descartar todo esse esforço e técnica afirmando que a venda ainda não começou.

Não estou minimizando a importância dessa etapa da venda, muito pelo contrário. É um passo crucial e justamente nela os vendedores geralmente "travam".

Existem alguns motivos comuns que podem fazer com que os vendedores travem na hora de lidar com objeções.

Quando o vendedor não está adequadamente preparado para lidar com objeções, pode se sentir inseguro para responder de forma eficaz. A falta de conhecimento sobre o produto, suas características e benefícios, ou não compreender as necessidades e preocupações do cliente, pode resultar em dificuldades de ultrapassar essa etapa.

Algumas pessoas têm receio de confrontar objeções, pois temem parecer agressivos ou invasivos. O medo de ser rejeitado ou de criar uma tensão desconfortável pode fazer com que os vendedores evitem abordar diretamente as objeções, deixando-as sem resposta adequada.

A falta de confiança em si mesmo, no produto ou até mesmo no propósito da venda pode levar o vendedor a se sentir inseguro ao enfrentar objeções. Ele pode duvidar de sua capacidade de lidar com as preocupações do cliente de maneira real e convincente.

Se o vendedor não estiver realmente ouvindo e entendendo as preocupações, pode responder de forma inadequada ou genérica, o que não resolve o problema do cliente e pode gerar mais resistência.

A ansiedade para alcançar a venda pode fazer com que os vendedores se concentrem mais em finalizar o negócio rapidamente, em vez de abordar adequadamente as objeções. Eles podem sentir a necessidade de evitar qualquer conflito ou prolongar a conversa, o que leva a respostas superficiais ou a tentativas apressadas de persuasão.

A falta de habilidades específicas para lidar com objeções pode deixar os vendedores despreparados para responder de maneira adequada.

Quando um cliente levanta objeções, é um sinal de que ele está pensando criticamente sobre o produto oferecido e busca obter mais clareza ou superar suas dúvidas e preocupações. Portanto, toda objeção deve ser vista como uma oportunidade.

Objeções são, portanto, referentes às preocupações, dúvidas ou resistências levantadas pelo cliente durante o processo de venda. Elas são obstáculos que precisam ser superados para alcançar o fechamento do negócio. É importante compreender que as objeções não devem ser encaradas como uma rejeição pessoal, mas sim como uma oportunidade de esclarecer todas as questões importantes para o cliente e ajudá-lo a tomar uma decisão informada.

As objeções podem ocorrer por diversos motivos, como falta de confiança no produto, dúvidas sobre o custo-benefício, insegurança em relação à adequação às necessidades específicas do cliente, entre outros. O papel do vendedor é lidar de forma natural com essas objeções, demonstrando empatia, conhecimento e habilidades de comunicação persuasiva.

Lidar com objeções é uma parte essencial do processo de vendas, pois permite superar as preocupações do cliente e convencê-lo a avançar para uma compra.

É importante compreender a perspectiva do cliente. Coloque-se no lugar dele e tente entender suas preocupações e necessidades. Reconheça que a decisão de compra é uma transação emocional e racional. Muitas vezes, os clientes podem sentir uma pressão para justificar seus gastos ou podem estar preocupados com a qualidade do produto. É crucial abordar essas preocupações com empatia e oferecer soluções personalizadas.

Deixe-o expressar suas preocupações completamente sem interromper. Exerça empatia e mostre que você valoriza suas preocupações. Após ouvir a objeção por completo, lembre-se, não interrompa o cliente, reforce aquilo que o cliente falou.

Exemplo: Você está considerando a compra de um aspirador de pó robótico. Durante a demonstração, o representante da empresa enfatizou como o robô pode limpar a casa automaticamente, economizando seu tempo e energia. No entanto, você está preocupado com o preço elevado do produto.

Resposta: "Eu entendo sua preocupação com o preço (reforçar a preocupação do cliente). No entanto, é importante considerar o valor que você receberá com nosso aspirador de pó robótico. Imagine como seria ótimo voltar para casa após um longo dia de trabalho e encontrar sua casa limpa sem precisar levantar um dedo (foco no benefício). Além disso, nosso aspirador é projetado para evitar obstáculos e limpar até mesmo os cantos mais difíceis de alcançar, resultando em um ambiente mais saudável para você e sua família. (Lembra da pergunta de atração?) Considerando todos esses benefícios, acreditamos que o investimento vale a pena a longo prazo, concorda comigo?"

Faça perguntas adicionais para entender completamente a objeção do cliente. Isso ajudará você a obter informações mais detalhadas e identificar o verdadeiro motivo por trás da objeção, pois ela pode ser falsa.

Mas por que os clientes fazem isso? O que eles estão escondendo por trás dessas desculpas?

Existem vários motivos que podem levar um cliente a mentir ou a levantar falsas objeções na hora de fechar uma compra. Vamos ver alguns deles:

Falta de necessidade: O cliente não vê como a sua solução pode resolver um problema ou atender a um desejo dele. Ele não sente urgência ou prioridade em comprar de você. Nesse caso, o vendedor precisa mostrar o valor da sua oferta, como ela pode ajudar o cliente a ganhar algo ou a evitar uma perda, e como ela se diferencia das demais opções do mercado.

Falta de confiança: O cliente não confia na sua solução ou em você. Ele tem medo de fazer uma má escolha, de se arrepender, de ser enganado ou de ter problemas no futuro. Nesse caso, o vendedor precisa construir um relacionamento de credibilidade e confiança com o cliente, demonstrando conhecimento, autoridade, transparência e empatia.

Falta de dinheiro: O cliente não tem orçamento disponível ou acha que o seu preço é alto demais. Ele não vê como a sua solução cabe no seu bolso ou como ela pode gerar um retorno sobre o investimento. Nesse caso, o vendedor precisa entender a real situação financeira do cliente, se ele tem poder de decisão sobre o orçamento, se ele tem outras fontes de recursos ou se ele pode parcelar ou negociar o pagamento. O vendedor também precisa mostrar como a sua solução pode gerar economia, lucro, produtividade ou outros benefícios financeiros para o cliente.

Falta de tempo: O cliente não tem tempo para conversar com você, para analisar a sua proposta, para tomar uma decisão ou para implementar a sua solução. Ele está ocupado, sobrecarregado, procrastinando ou adiando a compra. Nesse caso, o vendedor precisa respeitar o tempo do cliente, mas também criar um senso de urgência e de escassez, mostrando como a sua solução

pode resolver um problema imediato, como ela pode
facilitar a vida do cliente ou como ela pode se esgotar ou
encarecer se ele demorar a comprar.

Falta de conhecimento: O cliente não entende bem o
que você está oferecendo, como a sua solução funciona,
quais são as suas características, vantagens e benefícios.
Ele tem dúvidas, receios, objeções ou curiosidades sobre
a sua solução. Nesse caso, o vendedor precisa educar o
cliente, explicar de forma simples e clara o que é a sua
solução, como ela funciona, para que ela serve, como ela
se aplica ao contexto e às necessidades do cliente. O
vendedor também precisa responder às perguntas,
esclarecer as dúvidas, rebater as objeções e despertar o
interesse do cliente pela sua solução.

Esses são alguns dos motivos que podem levar um cliente
a levantar falsas objeções na hora de fechar uma compra.
Mas como contornar essas situações e convencer o
cliente a comprar de você? Reparou que cada objeção
pode estar relacionada com uma falha em algum passo
específico do atendimento?

Deixe claro para seu cliente que você quer resolver o
problema *dele*, está apto para fazê-lo e que ele pode
confiar em você o para abortar o motivo verdadeiro da
negativa. Quanto mais você souber sobre a objeção,
melhor poderá lidar com ela.

Muitas vezes, as objeções dos clientes estão
enraizadas em preocupações subjacentes. Identifique o
motivo real por trás da objeção fazendo perguntas e
explorando mais a fundo. Por exemplo, se o cliente diz

que o preço é muito alto, a objeção pode estar relacionada ao valor percebido ou ao retorno do investimento, não necessariamente o preço está alto perante o orçamento. É comum que os clientes levantem objeções com relação ao valor percebido do produto em relação ao seu orçamento.

Ao enfrentar objeções relacionadas ao preço ou ao orçamento, é fundamental ressaltar o valor do produto em vez de se concentrar apenas no custo. Valor refere-se aos benefícios e vantagens que o produto oferece ao cliente. Orçamento refere-se àquilo que o cliente pode efetivamente pagar. Explique detalhadamente como o produto atende às necessidades específicas do cliente, economiza tempo, melhora a eficiência ou aumenta a qualidade. Lembre-se de destacar os resultados tangíveis e intangíveis que o cliente obterá ao adquirir o produto.

Cada cliente é único e possui diferentes limitações orçamentárias. Ao enfrentar objeções reais ao preço, é importante oferecer soluções personalizadas que atendam às necessidades do cliente. Isso pode envolver opções de pagamento flexíveis, pacotes adicionais ou descontos especiais (vamos falar sobre isso no próximo capítulo). Demonstre que você está disposto a trabalhar junto ao cliente para encontrar uma solução que se encaixe em seu orçamento.

Uma vez que você tenha identificado o motivo real da objeção, concentre-se em comunicar o valor do seu produto e verifique quais benefícios podem solucioná-la.

Se cliente apresentar uma objeção, use a técnica do porquê: pergunte-lhe por que ele pensa ou sente dessa forma. Isso ajuda a identificar a verdadeira razão por trás da objeção e a entender melhor o que impede de comprar de você. Isso também ajuda a fazer o cliente refletir sobre as suas próprias motivações e necessidades.

Use a técnica do se: Quando o cliente apresentar uma objeção, pergunte-lhe o que aconteceria se essa objeção fosse resolvida. Por exemplo, se o cliente diz que não tem dinheiro, pergunte-lhe: "Se você tivesse dinheiro, você compraria a minha solução?". Isso ajuda a testar o nível de interesse e de comprometimento do cliente, e a criar uma visão positiva do futuro com a sua solução.

Use a técnica do sim, quando o cliente apresentar uma objeção, concorde com ele e depois apresente um argumento contrário. Por exemplo, se o cliente diz que o seu preço é alto, diga: "Sim, o nosso preço é mais alto do que o da concorrência, mas isso se deve à qualidade superior da nossa solução, que oferece mais benefícios e resultados para você". Isso ajuda a evitar um confronto com o cliente e a mostrar o valor da sua oferta.

Apresentar depoimentos de clientes satisfeitos ou casos de sucesso semelhantes pode ser uma técnica poderosa para superar objeções. Ao mostrar exemplos reais de como seu produto beneficiou outros clientes (lembra do gatilho de prova social?), você aumenta a confiança e reduz a resistência do cliente.

Mostre ao seu cliente que você é um especialista no assunto. Use fatos, estatísticas e informações relevantes para respaldar suas respostas. Quanto mais confiança você transmitir, mais provável será que o cliente confie em sua solução.

Enfatize para seu cliente o preço que ele pode pagar por não efetuar a compra naquele momento. Lembre-o das dores que descobriu na sondagem e o quanto pode sofrer se não solucionar o problema, momento propício para utilizar o gatilho mental de dor x prazer.

Depois de abordar a objeção de maneira eficaz utilizando as técnicas descritas, aproveite o momento para fazer um chamado à ação. Volte a fazer pergunta fechada afirmativa de compra e se precisar inicie uma negociação.

Perguntas para estudo e aplicação

1) Qual a diferença entre orçamento e valor?

____

____

____

____

____

2) O que são Objeções?

____

____

____

____

3) Podemos utilizar gatilhos mentais no contorno de objeções? Quais?

____

____

____

____

____

4) Como descobrir a objeção real do cliente?

____

____

____

____

____

PASSO 6: NEGOCIAÇÃO

A negociação é um fenômeno complexo e multidimensional que tem sido amplamente estudado em várias disciplinas acadêmicas. É um processo de comunicação e interação entre duas ou mais partes com o objetivo de chegar a um acordo ou resolver um conflito. Envolve a troca de propostas, discussões, concessões e a busca por um resultado mutuamente aceitável. É importante que as partes estejam dispostas a ceder em alguns aspectos para alcançar um acordo benéfico para ambas, caso contrário, negociar não é possível.

Em um atendimento, o processo de negociação pode ocorrer em qualquer etapa da venda, eis o motivo de estar em um capítulo exclusivo e não inserido no contorno de objeções.

Quanto mais preparado você estiver, maiores serão suas chances de alcançar um acordo favorável. Isso envolve conhecer seu produto ou serviço em detalhes, identificar as necessidades e interesses do cliente e estabelecer seus objetivos. Sendo assim a negociação já está no primeiro passo a Preparação.

Antes de iniciar a negociação, é importante construir um relacionamento positivo com o cliente na abordagem. Isso pode ser feito por meio de uma comunicação eficaz, demonstrando empatia e entendendo suas preocupações. Estabelecer rapport cria uma base sólida para a negociação e aumenta a confiança mútua.

É crucial identificar os interesses do cliente. Isso envolve descobrir suas necessidades, desejos e preocupações em relação ao produto. Ao entender seus interesses, você pode oferecer soluções personalizadas que atendam às suas expectativas.

Lembre-se de que a negociação não é apenas sobre o preço, mas também sobre o valor percebido pelo cliente. Com base nos interesses identificados, destaque os benefícios exclusivos que seu produto oferece e mostre como ele pode resolver os problemas específicos do cliente. É importante enfatizar o valor que seu produto proporciona em relação ao preço, destacando seu diferencial competitivo. A negociação também está presente na apresentação.

Durante o atendimento, é provável que o cliente apresente objeções ou preocupações. Essas objeções podem estar relacionadas ao preço, à qualidade, ao tempo de entrega ou a outros aspectos do negócio, todas elas podem, e devem, ser negociadas.

Como podemos perceber até aqui. Negociar não está somente relacionado ao preço. Claro, a negociação de preço é uma parte integrante do processo de venda, mas é importante lembrar que o preço não é a única consideração para o cliente.

Saber quando negociar em um processo de vendas é uma habilidade importante. Os sinais de compra emitidos pelo cliente durante um atendimento são indicadores essenciais que o vendedor deve aproveitar para iniciar uma negociação de maneira eficaz.

Esses sinais podem variar desde perguntas específicas até expressões de interesse e entusiasmo demonstrados verbalmente ou por meio de linguagem corporal. Identificar e interpretar corretamente esses sinais pode abrir caminho para uma negociação bem-sucedida e resultar em uma venda.

Quando o cliente faz perguntas detalhadas sobre os recursos, especificações técnicas ou funcionalidades do produto, isso indica um interesse genuíno e um desejo de entender melhor como o produto pode atender às suas necessidades específicas. Essas perguntas demonstram que o cliente está avaliando o produto de forma mais criteriosa, abrindo oportunidades para destacar os benefícios relevantes e iniciar uma negociação mais aprofundada.

Caso o cliente mencione outros produtos ou marcas e busca compará-los com o seu, isso indica um estágio avançado de consideração e uma abertura para negociação. Nesse momento, é importante estar preparado para destacar as vantagens competitivas do seu produto em relação aos concorrentes e mostrar por que ele é a melhor escolha.

Quando o cliente menciona prazos apertados ou a necessidade de solucionar um problema imediatamente, isso sinaliza um forte desejo de compra. A manifestação de urgência é uma oportunidade para acelerar o processo de negociação, oferecer soluções rápidas e demonstrar como o seu produto e prazos podem atender às necessidades urgentes do cliente.

Quando o cliente faz perguntas sobre o respaldo do produto após a compra, ao fornecer informações detalhadas sobre esses aspectos e destacar os benefícios do suporte pós-venda, você pode tranquilizar o cliente e fortalecer a confiança na negociação.

Interesse em experimentar o produto ou solicitar uma demonstração, mostra um nível elevado de envolvimento e um desejo de verificar a funcionalidade e a adequação do produto às suas necessidades. Essa é uma excelente oportunidade para personalizar a experiência do cliente, demonstrar os benefícios em tempo real e reforçar a confiança no produto.

Quando o cliente pergunta sobre descontos disponíveis, promoções ou pacotes especiais, isso indica um interesse real em adquirir o produto, mas também a busca por um benefício adicional no preço. Nesse momento, é possível explorar opções de desconto, pacotes personalizados ou outros incentivos que possam influenciar positivamente a decisão de compra.

Quando o cliente menciona experiências anteriores positivas com a sua marca ou produtos similares, isso indica uma predisposição favorável em relação à sua oferta. Essas referências oferecem uma oportunidade para criar uma conexão emocional, fortalecer a confiança e facilitar o processo de negociação.

Quando o cliente faz perguntas sobre os prazos de entrega do produto, isso demonstra um interesse real em adquiri-lo e a necessidade de avaliar a disponibilidade do produto em um determinado período. Essas perguntas abrem espaço para discutir prazos, oferecer opções de entrega rápida ou mesmo adaptar a logística para atender às necessidades do cliente.

Caso o cliente mencione que recebeu recomendações positivas sobre o produto ou serviço por parte de terceiros, isso reforça a credibilidade e a confiança na sua oferta. Essas referências podem facilitar a negociação, pois o cliente já possui uma predisposição favorável devido às recomendações recebidas.

Quando o cliente demonstra satisfação ou entusiasmo durante a interação, seja por meio de linguagem corporal, elogios ou comentários positivos, isso indica uma conexão emocional com o produto e um interesse genuíno em adquiri-lo. Essas expressões de satisfação podem servir como ponto de partida para uma negociação, onde o negociador pode reforçar os pontos fortes do produto e capitalizar esse entusiasmo para fechar a venda.

Esses são apenas alguns exemplos de sinais de compra. É importante lembrar que cada sinal deve ser interpretado dentro do contexto da situação específica e adaptado às necessidades do cliente. Ao identificar esses sinais e agir de forma estratégica, é possível iniciar uma negociação com maior probabilidade de sucesso e alcançar os objetivos desejados.

Uma abordagem adequada pode ser iniciar a negociação com um resumo das preocupações ou necessidades do cliente, destacando como sua oferta pode solucionar essas questões de forma única e eficaz.

Além disso, é importante aproveitar esses sinais para conduzir a negociação de maneira personalizada. Isso pode envolver oferecer opções customizadas, ajustar o preço ou as condições de pagamento para melhor atender às expectativas do cliente, ou fornecer benefícios adicionais que aumentem o valor percebido da oferta.

Para que sua negociação tenha sucesso é preciso que você tenha uma margem de manobra, ou seja, se você não tem uma margem com a qual pode oferecer concessões ao seu cliente, não poderá negociar.

A margem de manobra desempenha um papel crucial em uma negociação.

Ao iniciar uma negociação, é comum que as partes envolvidas estabeleçam uma margem de negociação para cada elemento do acordo. Essa margem é a diferença entre o ponto de partida desejado e o ponto de concessão aceitável para cada parte. Ao trabalhar dentro dessa margem, o negociador tem espaço para oferecer benefícios extras sem comprometer os limites estabelecido, mantendo o objetivo final em mente e adaptando-se às dinâmicas da negociação.

Uma margem adequada permite ao negociador explorar diferentes opções e estratégias para atender às demandas do cliente e alcançar seus próprios objetivos.

Ao ter espaço para concessões, é possível encontrar um ponto de equilíbrio que satisfaça ambas as partes, criando uma negociação "ganha-ganha". Oferecendo flexibilidade no preço, condições de pagamento, prazos ou outros aspectos negociáveis. Isso pode ser particularmente valioso quando se lida com clientes com diferentes necessidades e restrições. Ao adaptar a oferta às circunstâncias específicas, é possível superar objeções e tornar a proposta mais atraente.

No entanto, é importante ressaltar que a margem de manobra não significa ceder em todas as demandas do cliente ou comprometer a própria posição. É essencial estabelecer limites claros e ter uma compreensão clara dos interesses e objetivos em jogo. A margem de manobra deve ser usada de forma calculada, garantindo que as concessões sejam equilibradas e justas para ambas as partes.

Além disso, a margem de manobra também está relacionada à capacidade de adaptar-se a mudanças e imprevistos durante a negociação. As negociações nem sempre seguem um curso linear e previsível, e ter uma "carta na manga" permite ao negociador lidar de forma ágil com novas informações, demandas ou circunstâncias inesperadas. Isso ajuda a manter o progresso da negociação e evita que impasses prejudiquem o processo. Por isso, não ceda sua margem de negociação de uma vez só.

O cliente se sente em vantagem ao pedir concessões durante o atendimento, utilize isso como estratégia para estabelecer um senso de controle e satisfação a ele. Os clientes muitas vezes desejam sentir que estão obtendo o melhor negócio possível e que estão exercendo influência sobre as condições da venda. Portanto, ao permitir que o cliente ganhe algumas concessões, o vendedor pode ajudar a construir um relacionamento positivo e aumentar a probabilidade de fechar a venda.

É importante que o vendedor ofereça esses descontos de maneira comedida e em partes. Ao dar todas as concessões de uma só vez, corre-se o risco de desvalorizar o produto ou serviço e comprometer a lucratividade do negócio. Se você fornece toda sua margem de uma vez só e o cliente solicita uma nova conceção, haverá um impasse na negociação. Portanto, é mais eficaz dividir as concessões em etapas e mostrar ao cliente o valor adicional que está sendo oferecido em cada uma delas.

Por exemplo, em um cenário de negociação, o vendedor pode começar oferecendo um pequeno desconto ou algum benefício adicional para o cliente. Isso cria uma sensação de satisfação inicial e permite que o cliente sinta que conseguiu uma vitória. Em seguida, o vendedor pode continuar a oferecer concessões graduais à medida que a negociação avança, mantendo o cliente engajado e estimulando a sensação de que está obtendo um bom negócio.

Essa abordagem graduada também dá ao vendedor a oportunidade de destacar os benefícios e recursos do produto ou serviço ao longo do processo de negociação.

Ao mostrar ao cliente o valor real que está sendo oferecido, o vendedor pode ajudar a justificar as concessões e manter o foco no valor geral da oferta.

Sua margem é uma ferramenta valiosa que pode ser habilmente utilizada para entregar overdelivering ao cliente durante um processo de negociação.

Em termos simples, overdelivering refere-se a ir além das expectativas do cliente, oferecendo benefícios adicionais, serviços extras ou um valor superior ao acordado inicialmente.

Ao explorar a margem de negociação, o negociador tem a flexibilidade de criar um ambiente propício para superar as expectativas do cliente.

Além disso, a entrega do overdelivering não só aumenta a percepção de valor por parte do cliente, mas também cria uma experiência positiva e memorável. Essa abordagem pode levar a recomendações boca a boca, fidelização do cliente e, consequentemente, a resultados mais sólidos.

É importante destacar que a entrega do overdelivering deve ser feita de forma sustentável para a venda. O vendedor deve avaliar cuidadosamente as possibilidades dentro da margem de negociação e considerar os benefícios a longo prazo. É essencial encontrar um equilíbrio entre a satisfação do cliente e a viabilidade do negócio.

Seja no preço do produto ou em prazos personalizados utilizar sua margem irá aumentar o valor percebido da compra na negociação, pois o cliente irá perceber que está fazendo um excelente negócio.

Fique atento. Ao término da negociação, ou no fechamento da venda, independente da etapa do atendimento, quando o cliente afirmar o fechamento, seja do produto principal apenas ou com produtos adicionais, finalize a compra! Evite levantar mais assuntos sobre o produto ou sobre a venda, pois uma palavra pode gerar uma dúvida ou reflexão por parte do cliente e causar a desistência.

1) O que é margem de manobra?

____

____

____

____

____

2) O que é overdelivering?

____

____

____

____

3) Qual a importância de ter uma "carta na manga" durante a negociação?

____

____

____

____

____

4) Qual o benefício que oferecer concessões traz ao atendimento?

____

____

____

____

Passo 7: Pós venda

Ah o pós-venda! Esse é um termo que muita gente ouve por aí, mas, infelizmente, nem sempre corresponde à realidade. Embora idealmente os vendedores deveriam se esforçar para proporcionar uma experiência excepcional pós-compra, a triste verdade é que muitos deles falham nessa missão. O pós-venda acaba se tornando apenas uma miragem, um conceito bonito que não é aplicado adequadamente. Vamos desvendar juntos o porquê desse descompasso entre expectativa e realidade.

Em teoria, o pós-venda deveria ser aquele momento em que você demonstra cuidado e atenção contínuos ao cliente, afinal sua venda só está completa quando seu cliente compra novamente com você, ou seja, ela nunca termina. Seria como manter o relacionamento em alta, mesmo após o fechamento da compra. Mas, na prática, o que vemos muitas vezes é exatamente o oposto. No geral os vendedores esquecem rapidamente de quem já comprou deles e deixam o cliente na mão, como se o relacionamento fosse um caso de uma noite só.

Uma das principais razões para essa falha no pós-venda é a falta de entendimento da importância desse passo. Vendedores se preocupam tanto em conquistar novos clientes que esquecem completamente dos que já têm. É como se fosse um jogo de números, em que o importante é aumentar a base de clientes, não

importando muito se eles estão satisfeitos ou não. É
triste, mas é a realidade.

A falta de comunicação é notória, os vendedores
simplesmente desaparecem após a venda, deixando o
cliente se perguntando se fez a escolha certa.
Demonstrando que o interesse não era genuíno e
desconstruindo a imagem empática que se esforçou para
demonstrar no atendimento. E se surgir algum problema
ou dúvida? Bem, nesses casos, é comum enfrentar um
labirinto burocrático para conseguir algum suporte. É
frustrante, para dizer o mínimo.

Também é comum ver garantias e promessas que não
são cumpridas. Fazem toda aquela propaganda sobre
como o pós-venda é importante, mas na prática não
entregam o que prometem. É como se fosse uma isca
para atrair os consumidores, mas quando a venda é
concretizada, a atenção e o cuidado desaparecem no ar.

Fica claro que muitos vendedores não fazem o pós-
venda adequado. É uma pena, pois essa etapa é
fundamental para a construção e manutenção de
relacionamentos e clientes fiéis.

Primeiro, vamos falar sobre a confiança. Quando
um vendedor investe no pós-venda, ele está mostrando
que o cliente é mais do que apenas um número em suas
planilhas. Você demonstrar estar preocupado em
construir uma relação de confiança com ele, dando
suporte, resolvendo problemas e estando ao seu lado
mesmo após a compra. Isso faz toda a diferença, pois
quando seu cliente se sente valorizado a confiança

cresce, e a probabilidade desse cliente comprar com você novamente é bem maior.

O pós-venda é como um escudo de proteção, garantindo que seu cliente tenha uma experiência satisfatória.

Investindo no pós-venda você pode criar uma estratégia oferecendo benefícios exclusivos para clientes fiéis. É como ser parte de um clube VIP, onde seu cliente é reconhecido e recompensado por sua lealdade. Quem não gosta de ser mimado de vez em quando, não é mesmo?

Outro aspecto importante do pós-venda é a oportunidade de feedback. Os vendedores que se importam com o cliente querem saber sua opinião, querem saber se você está satisfeito e se há algo que possa ser melhorado. E acredite, o feedback do cliente é valioso e fornece caminhos para o aprimoramento do atendimento, ajudando a moldar o futuro.

Esse feedback é um excelente momento para aprender mais sobre o produto ou serviço que o cliente adquiriu, e transformar essa experiencia em um gerador de depoimentos para gerar prova social.

Essa etapa é um convite para seu cliente se tornar fiel. Quando o vendedor faz de tudo para garantir a satisfação, é natural que o cliente queira continuar com ele.

Perguntas para estudo e aplicação

1) Como o pós venda pode ajudar a criar uma carteira de clientes?

____

____

____

____

____

2) O que a falta de um pós venda adequado pode causar?

____

____

____

____

____

3) Que tipo de marketing o pós venda pode gerar?

____

____

____

____

____

4) Como o cliente se sente quando não é atendido depois da venda?

____

____

____

____

____

Venda com propósito

Caro leitor, aqui estamos, no último capítulo desta jornada sobre vendas e seu impacto em todas as áreas da vida.

Talvez você ainda tenha a seguinte pergunta: "Mas como as vendas se relacionam com minha profissão? Eu não sou um vendedor!" Permita-me exemplificar mais uma vez como todos nós, de alguma forma, somos vendedores no palco da vida.

Imagine um médico excepcional. Ele é habilidoso, compassivo e altamente capacitado. Mas, mesmo com todas essas qualidades, ele ainda precisa vender suas ideias aos pacientes para que eles confiem em seu diagnóstico e sigam suas orientações. Um médico vendedor é capaz de transmitir segurança, explicar os procedimentos de forma clara e persuadir seus pacientes a seguir os tratamentos necessários.

Da mesma forma, um advogado brilhante deve vender suas argumentações convincentes para direcionar a decisão o júri e alcançar a justiça. Um advogado vendedor sabe como persuadir com palavras, construir uma narrativa e influenciar as decisões dos jurados.

Até mesmo um professor inspirador precisa vender o valor do conhecimento aos alunos, para que eles se motivem a aprender e se desenvolver. Um professor vendedor é capaz de despertar a curiosidade, envolver os estudantes nas aulas e mostrar a relevância do conteúdo para suas vidas futuras.

E o que dizer de um chef de cozinha talentoso? Ele não apenas prepara pratos deliciosos, mas também precisa vender sua criação aos comensais. Um chef vendedor é capaz de despertar os sentidos, contar histórias através da comida e criar experiências gastronômicas memoráveis.

Um engenheiro precisa vender suas ideias e projetos aos clientes e às equipes de trabalho, a fim de conquistar a confiança necessária para implementar suas soluções.

Um treinador de futebol também é um vendedor, buscando motivar os jogadores, vender suas estratégias e táticas para alcançar a vitória.

Além das profissões, as vendas também desempenham um papel crucial nos relacionamentos interpessoais. Pense em um casal apaixonado. Eles estão constantemente vendendo seu amor e compromisso um ao outro, renovando a chama que os mantém juntos. Através de gestos de carinho, palavras de afirmação e atos de gentileza, eles vendem a importância de sua parceria e nutrem um relacionamento saudável.

Os pais também são mestres em vendas, persuadindo seus filhos a seguirem o caminho do bem e a acreditarem em si mesmos. Através de exemplos positivos, orientação amorosa e comunicação eficaz, os pais vendem valores, responsabilidades e o poder do amor incondicional.

Em um ambiente de trabalho, a habilidade de vendas é
valiosa para líderes e liderados. Um líder eficaz é capaz de
vender sua visão, inspirar a equipe e obter o
comprometimento de todos na busca dos objetivos
comuns. Os liderados também podem ser vendedores
habilidosos, vendendo suas ideias, soluções e
contribuições para melhorar o desempenho coletivo.

Então, meu caro leitor, não importa qual seja a sua
profissão ou o seu papel na sociedade, abrace o espírito
das vendas. Desperte o vendedor dentro de você, com
sua autenticidade, seu entusiasmo e seu desejo genuíno
de ajudar os outros. Acredite na importância de se
conectar com as pessoas, de entender suas necessidades
e de oferecer soluções valiosas.

Lembre-se, a vida é uma grande negociação. Cada
conversa, cada interação é uma oportunidade de vender
algo valioso: uma ideia, uma emoção, uma mudança
positiva. E, à medida que você abraça essa mentalidade,
verá o mundo se abrir diante de você, repleto de
possibilidades e conexões profundas.

Espero que você tenha encontrado inspiração nessas
páginas, que tenha adquirido conhecimentos valiosos e
que esteja pronto para aplicar tudo o que aprendeu.

Obrigado por embarcar nessa jornada comigo. Desejo-
lhe sucesso contínuo em todas as suas empreitadas. E
lembre-se, seja um vendedor em todos os aspectos da
sua vida, pois a vida é o seu mercado e as possibilidades
são infinitas.

Referências bibliográficas.

Graeber, David. O mito do Escambo. Subta 2011

Almeida, João. Bíblia Sagrada. 4 edição. Sociedade Bíblica do Brasil. 2009

Bandler, Richard. John Grinder. Resignificando: Programação neurolinguística e a transformação do significado. Summus Editorial 8 edição. 1986.

Niedenthal, P. M., Setterlund, M. B., & Jones, K. W. (1994). "Emotional organization of perceptual memory". Advances in social cognition, 7, 1-24.

Dweck, C. S. (2008). Mindset: A new psychology of success. Random House Digital, Inc

Sharot, T., Riccardi, A. M., Raio, C. M., & Phelps, E. A. (2007). "Positive emotion enhances the encoding of gist/central information and reduces peripheral detail information". Journal of cognitive neuroscience, 19(6), 1032-1041

"The Power of Rapport: Building Trust in a Changing World" de Michael Brooks.

CARNEGIE, Dale. Como fazer amigos e influenciar pessoas. 45ª ed. São Paulo: Nacional, 1995.

Augusto, Flavio PONTO DE INFLEXAO - 1ªED.(2019)

James C. Hunter, O monge e o Executivo; tradução de Maria da Conceição Fornos de Magalhães – Rio de Janeiro: Sextante, 2004.

Rapport Building Techniques: Instant Rapport Building Techniques to Improve Communication, Increase Trust and Build Strong Relationships de John Adams.

PLATÃO. República. Rio de Janeiro: Editora Best Seller, 2002. Tradução de Enrico Corvisieri.

1. Chomsky, N. (2010). Hopes and Prospects. Haymarket Books.

2. Nietzsche, F. (1883). Thus Spoke Zarathustra. Penguin Classics.

3. Orwell, G. (1949). Nineteen Eighty-Four. Penguin Books.4. King Jr., M. L. (1963).

"I Have a Dream" speech. Disponível em: https://www.archives.gov/files/press/exhibits/dream-speech.pdf

5. Gandhi, M. (1997). An Autobiography: The Story of My Experiments with Truth. Beacon Press.

www.ingramcontent.com/pod-product-compliance
Lightning Source LLC
Chambersburg PA
CBHW050733260726
48661CB00001B/219